서른에 읽는
한비자

일러두기
본서는 원문 번역서가 아니라 저자의 사유를 중심으로 한 해석임을 명시합니다.

서른에 읽는 한비자

초판 1쇄 인쇄 2025년 11월 17일
초반 1쇄 발행 2025년 11월 24일

지은이 | 양현승
펴낸이 | 임종관
펴낸곳 | 미래북
편　집 | 정윤아
본문 디자인 | 디자인 [연:우]
등록 | 제 302-2003-000026호
주소 | 경기도 고양시 덕양구 삼원로73 고양원흥 한일 윈스타 1405호
전화 031)964-1227(대) | 팩스 031)964-1228
이메일 miraebook@hotmail.com

ISBN 979-11-92073-84-2 (03800)

값은 표지 뒷면에 표기되어 있습니다.
잘못된 책은 구입하신 서점에서 바꾸어 드립니다.

서른에 읽는
한비자

불확실한 세상에서
나만의 답을 찾는 지혜

양현승 지음

MIRAE
BOOK

| 프롤로그 |

불편한 진실을 담고 있는 《한비자》와 마주하기

"제왕들은 남이 볼 때는 《논어》를 읽고, 혼자 있을 때는 《한비자》를 읽었다."

《이중톈의 이것이 바로 인문학이다》를 저술한 중국 역사학자 이중톈이 언급한 이 구절은 《한비자》의 위상을 말해준다. 물론 《한비자》는 《논어》만큼 많이 알려진 책은 아니다. 그러나 책이 유명한 것과 중요한 것은 꼭 비례하지 않는다. 오히려 왕 입장에서는 나라를 통치하는 데 유용하지만 냉정할 만큼 불편한 진실이 기술되어 있던 《한비자》가 더 중요했을 것이다. 자신의 왕위를 위협하는 자를 식별하고 처벌해야 할 뿐 아니라 충신과 간신도 구분해낼 수 있어야 하기 때문이다. 그렇기 때문에 왕 입장에서는 신하들에게 통치 노하우가 담겨 있는 《한비자》를 읽는 모습을 보여주고 싶지 않았을 것이다.

사실 《한비자》는 동양의 《군주론》으로 불리며 제왕학의 교과서 그리고 회사 CEO들이 꼭 읽어야 하는 도서로도 많이 언급된다.

그러나 그러한 명성(?)이 오히려 많은 사람들이 책을 펼치기를 주저하는 요인이 되기도 한다. 자신들의 삶과 직접적인 연관이 없다고 생각하기 때문이다. 그러나 내 삶에 있어서 중심은 '나'임을 인식하며 왕들이 신하들이 보지 않을 때 혼자 읽었다는 《한비자》를 읽으면서 직장생활과 인간관계에서 어떻게 생활할 것인가에 대한 지혜를 얻는 것도 분명 의미가 있을 것이라고 확신한다.

1장에서는 무엇보다 소중한 나의 삶을 가치 있게 살아가기 위해서는 무엇을 갖추고 있어야 하는가를 기술했다. '법가'를 대표하는 《한비자》인 만큼 공평함과 정의로움의 중요성을 여러 편을 통해 강조했다. 또한, 상대방과의 관계에 있어서도 상대방에게 나의 감정을 정확히 표현함으로써 오해가 생기지 않도록 하는 것의 중요함을 역설하고 있다. 그러나 그 감정은 어디까지나 예를 갖추기 위함이지 상대방의 부족한 점을 면전에서 비난하라는 의미가 아님을 강조했다. 힘들고 어려운 일이 있더라도 당황해하며 일을 그르치기보다 현 상황을 차분하게 바라보면 분명 그 해결책을 찾아나갈 수 있다고도 했다.

2장은 내가 지금 하고 있는 일을 성공적으로 완수하기 위해서 명심해야 할 내용들을 담았다. 나뿐 아니라 많은 이들은 성공적인 일을 하기 위해서 무엇인가 대단한 비책이 필요할 거라 생각할 수 있으나 《한비자》는 그러한 생각에 대해 일침을 놓는다. 나무가 부러지는 것은 조그마한 벌레 때문이고, 담장이 무너지는 것 역시 조그마한 구멍 때문이라는 것이다. 즉,《한비자》는 작은 허물이라고 중요하게 생각하지 않으면 결국 그것이 나의 임무 완수에 큰 걸림돌이 된다는 점을 강조한 것이다. 또한, 생각보다 일이 잘 풀리고 있을 때를 주의해야 하며 마음을 굳게 먹고 추진하지 않으면 조금만 흔들려도 꺾일 수 있음을 경고한다.

3장은 내 삶을 주도적으로 살아가기 위해서는 어떻게 행동해야 하는가를 말한다. 이곳에서도《한비자》는 규정대로 행동하는 것은 견고한 수레나 안전한 배를 타고 가는 것과 같다며 다시 한번 '법'의 중요성을 강조한다. 다만, 똑같은 현상이라도 다양하게 바라볼 수 있어야 하며, 본질을 가리기 위해 겉만 화려하게 꾸민 모습에 속지 않는 것 역시 중요하다고 언급했다. 그리고 때로는 내가 가장 믿었던 사람이라 하더라도 나를 속이거나 위험에 빠지게 할 경우 과감하게 거리를 두는 것의 중요함을 일깨워준다.

4장은 주변 사람들과 잘 지내면서 내가 이루고자 하는 것을 어떻게 달성할 수 있는가를 언급했다. 하지만 주변 사람들의 평가에 휘둘려서는 안 된다고 강조한다. 또한, 스스로 센스가 있다고 과신하여 생각한 바를 주변 사람들에게 이야기하는 것과 상대방을 외모와 직책만으로 평가하는 것이 얼마나 어리석은가에 대해 경고하기도 한다.

5장에서는 냉정한 세상에서 지혜롭게 살아가기 위해 알아야 하는 것을 강조했다.《한비자》내용답게 세상을 바라보는 관점을 선악이 아닌 이익 관계로 봐야 제대로 볼 수 있다고 했다. 그리고 상대방이 진정한 내 편인가를 지속적으로 확인해야 할 뿐 아니라 나를 위한 충고라 하더라도 어떤 의도가 있는가에 대해 고민해야 한다고 기술되어 있다.

　독자 중 일부는 '《한비자》라는 책이 인간관계에 대해 너무 민낯을 드러낸 책이 아닌가? 《논어》 등 다른 고전과는 너무 다르다'는 생각을 할 수 있다. 정확히 본 것이다. 우리가 의식적으로만 생각하고 말이나 글로 옮기지 않았던 내용들이 담겨 있기 때문이다. 불편한 진실이라고 생각할 수도 있지만 그것과 제대로 마주해야 한다. 그래야 내 삶의 문제점이 무엇인지, 해결책이 무엇인지 발견할 수 있기 때문이다.

차례

| 프롤로그 | 불편한 진실을 담고 있는 《한비자》와 마주하기   ··· 004

1장
한 번뿐인 소중한 삶을 살아가는 데
갖추고 있어야 하는 것

❖ 행동의 기준점을 정의로움에 맞추고 돌아보며 살자   ··· 15
❖ 우연적인 요소가 강한 로또에 소중한 내 인생을 걸 수는 없다   ··· 20
❖ 다른 사람을 사랑하고 행복해지길 바랄 때 나도 그렇게 될 수 있다   ··· 24
❖ 상대방에 대한 좋은 감정은 숨기지 않고 표현해야 교감할 수 있다   ··· 28
❖ 내 감정대로 시원하게 표현하면 듣는 상대방은 답답하고 불편해진다   ··· 32
❖ 힘들고 어려운 상황이라도 차분하게 바라보면 해결책을 찾을 수 있다   ··· 36
❖ 승리의 DNA를 가진 자가 또 다른 승리를 얻을 수 있다   ··· 41
❖ 과도한 욕심은 나의 몸과 마음을 상하게 한다   ··· 45
❖ 나의 생각은 말하지 않아도 스며 나와 상대방이 알 수 있음을 유의하라   ··· 50
❖ 여유 있는 삶의 기준은 내가 정한다   ··· 55
❖ 주위 사람들과의 신뢰를 쌓는 첫 단계는 언행일치다   ··· 60
❖ 기회는 억지로 만들 때 오지 않고 기본에 충실하면 자연스레 찾아온다   ··· 65

2장

일을 성공적으로 수행하고 싶다면 명심해야 할 것

- ❖ 틈이 있어 담장이 무너지는 것처럼 모든 결과에는 원인이 있다 ⋯ 73
- ❖ 욕심을 내지 않는 것과 아무것도 안 하는 것은 다르다 ⋯ 78
- ❖ 힘들고 어려울수록 내게 행운이 찾아오고 있음을 믿고 행동하라 ⋯ 82
- ❖ 잘나갈 때 조심하라는 의미를 그냥 흘려보내면 후회하게 된다 ⋯ 86
- ❖ 굳은 마음으로 일을 추진하지 않으면 조그마한 일에도 흔들릴 수 있다 ⋯ 90
- ❖ 일을 추진할 때 말을 자주 바꾸면 안정보다 혼란이 가중된다 ⋯ 94
- ❖ 산을 옮기려면 돌멩이부터 옮겨야 한다 ⋯ 99
- ❖ 맛 좋은 술은 반드시 숙성의 시간이 필요하다 ⋯ 104
- ❖ 살을 내어주고 뼈를 취한다는 각오가 있어야 한다 ⋯ 109
- ❖ 동료를 믿지 못하고 마음만 급하다고 해결되는 것은 아무것도 없다 ⋯ 113
- ❖ 타인과의 협상에서 원하는 바를 얻으려면 의도를 숨겨야 한다 ⋯ 118
- ❖ 유연한 자기혁신과 적응이 생존의 지름길이다 ⋯ 123
- ❖ 전문가일수록 일을 할 때 기본에 충실한다 ⋯ 127
- ❖ 자신의 능력과 현 상태를 정확히 알고 있어야 해결책이 보인다 ⋯ 132

3장

누구보다 주도적이고
열정적으로 행동하기 위해 필요한 것

韓非子

- ❖ 수단을 가리지 않고 무리하게 일을 추진하면 반드시 역효과가 난다 … 139
- ❖ 규정을 지키는 일은 안전한 배를 타고 강을 건너는 것과 같다 … 144
- ❖ 의사소통을 막는 원인을 찾고 해결해야 한다 … 148
- ❖ 눈앞의 이익만 보면 등 뒤로 빠져나가는 손해를 놓친다 … 153
- ❖ 고전과 오래된 책의 차이를 알아야 한다 … 158
- ❖ 어떻게 바라보느냐에 따라 똑같은 현상도 다르게 보고 행동한다 … 163
- ❖ 상황이 급변해도 빠져나갈 구멍은 있어야 한다 … 168
- ❖ 꾸미지 않은 있는 그대로의 모습이 더 매력적이다 … 173
- ❖ 나의 성장에 걸림돌이 되는 것을 찾고 제거하는 데 집중하라 … 178
- ❖ 가장 믿었던 사람과 결별한 순간이 와도 받아들여야 한다 … 183
- ❖ 우리에게는 모두 각기 다른 재능이 있다 … 188

4장

주변 사람들과 잘 지내면서
내가 이루고자 하는 것을 달성하는 방법

- ❖ 주변의 평가로 내 가치가 결정되어서는 안 된다 ··· 195
- ❖ 칭찬은 확실하게 비난은 신중하게 하자 ··· 200
- ❖ 바른 소리를 하기보다 진심을 다하자 ··· 205
- ❖ 화려함에 끌려가면 쉽게 속아 넘어가게 된다 ··· 209
- ❖ 해만 바라보고 걷다 보면 조그마한 돌에도 걸려 넘어질 수 있다 ··· 214
- ❖ 너무 앞서가는 것은 센스가 아닌 자기 과시일 뿐이다 ··· 219
- ❖ 이미지 메이킹만 신경 쓰면 모래성 쌓기가 될 수 있다 ··· 224
- ❖ 항아리 속 젤리의 숫자를 맞추는 집단지성의 힘을 믿어야 한다 ··· 229
- ❖ 상대방을 외모와 직책에 따라 다르게 대하는 것이 가장 어리석다 ··· 233
- ❖ 상대방이 원하는 바를 먼저 말하도록 해야 한다 ··· 238

5장

냉정한 세상에서
지혜롭게 살아가기 위해 알아야 하는 것

❖ 인간관계는 선악이 아닌 이익 관계로 이해해야 제대로 볼 수 있다　… 245
❖ 서로 간에 기본적인 예의를 지키지 않으면 어색하고 불편해진다　… 250
❖ 지식이 아닌 지혜를 갖춘 자에게 더 끌리게 된다　… 254
❖ 진정한 내 편인지 의심이 아닌 확인이 필요할 때도 있다　… 259
❖ 주변 사람의 충고를 가려들을 줄 아는 지혜가 필요하다　… 264
❖ 문제의 원인이 내가 아니라면 내가 없어야 이익을 보는 이를 경계하라　… 269
❖ 자기만족에 빠진 삶은 주변 사람들을 힘들게 할 뿐이다　… 275
❖ 공정한 경쟁이 있어야 패자가 승자를 진심으로 축하해줄 수 있다　… 280
❖ 완벽한 척하는 인생은 오해와 불신만 쌓일 뿐이다　… 285
❖ 동료들의 능력과 성향을 알아야 시너지 효과가 난다　… 290
❖ 일한 만큼 인정해주지 않는 조직은 앞으로 나아갈 수 없다　… 295
❖ 입장이 다름을 인식해야만 같이 나아갈 수 있다　… 300

| 참고문헌 |　… 304

1장

한 번뿐인
소중한 삶을
살아가는 데
갖추고 있어야
하는 것

韓非子

행동의 기준점을
정의로움에 맞추고 돌아보며 살자

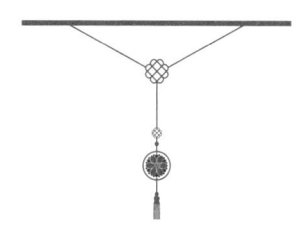

〈그리스 신화〉 속의 법과 정의의 여신 '아스트라이어(Astraea)'는 인간 세상에서 재판을 할 때 주관성을 버리겠다는 뜻으로 눈을 헝겊으로 가리고 있다. 또한 손에는 법을 엄격하게 집행하겠다는 뜻으로 칼이나 법전을 들고 있고, 다른 한 손에는 옳고 그름을 가르는 데 있어 편견을 버리고 공평하고 정의롭게 하겠다는 의미로 저울을 들고 있다. 저울은 물체의 무게 그대로를 측정하기 때문에 공평함과 정의로움을 상징한다. 《한비자》에서도 있는 그대로를 비춰주는 거울과 측정하는 저울의 중요성을 언급하고 있다.

---◆---

故鏡執淸而無事, 美惡從而比焉, 衡執正而無事, 輕重從而載焉.

夫搖鏡, 則不得爲明 搖衡, 則不得爲正, 法之謂也.
故先王以道爲常, 以法爲本. 本治者名尊, 本亂者名絕.

거울로 아름답거나 더러운 모습을 구분하기 위해서는 맑은 상태 그대로 보존해야 한다. 저울은 흔들리면 무게를 정확히 측정할 수 없다. 법률 역시 거울과 저울처럼 그 상태를 유지하지 않으면 공정하게 적용할 수 없다. 그렇기 때문에 선왕은 도(道)를 원칙으로, 법(法)을 근본으로 삼았다. 법을 잘 집행하면 모두가 존경하겠지만, 그렇지 못할 경우 원망을 받을 것이다.

- 19편 식사(飾邪)

거울과 저울은 현재 우리의 모습과 상황을 그대로 보여준다. 그래서 거울로 지저분한 것이 보이면 깨끗하게 닦을 수 있고, 저울로 측정했을 때 계획했던 것보다 부족하면 채울 수 있도록 조금 더 노력하면 된다. 우리가 이렇게 하는 것은 거울은 있는 그대로를 비춰주고 저울의 수치는 정확하다는 믿음 때문이다.

그런데 우리가 믿고 있는 이 저울이 물체의 무게를 그대로 측정하지 않고 왜곡한다면 어떨까? 그것도 단순한 기계오류, 즉 실수가 아닌 누군가 이익을 위해 의도적으로 왜곡되었다면 어떨까?

만약 회사의 직원이 자신의 이익을 위해 회계장부를 조작하거나 하청업체로부터 금품을 받고 계약조건을 바꾸는 등의 행위를 했다고 가정해보자. 그 직원은 회사의 전 직원들이 지켜야 하는 규정을 남들이 모를 것이라 생각하고 어긴 것이다. 이는 깨끗한 거울을 더럽게 해서 사물을 있는 그대로 보지 못하게 하는 것이고, 저울의 기준을 왜곡해 물체의 무게를 잘못 측정하게 하는 것이다. 이런 상황을 많은 직원들이 뒤늦게 알게 되면 그동안 믿고 지켜왔던 모든 규정들에 대해 불신하게 될 것이다. 그리고 직원 중 몇 명은 규정을 지키는 나만 손해를 보고 있다고 생각할 수도 있다. 결국 직원들은 서로를 불신하고 혼란스럽게 될 것이다.

그런데 이런 부정행위는 옛날부터 있었고 지금도 사회 곳곳에서 일어나고 있다. 요즘 뉴스를 보면 기업에서 직원의 횡령 사건이 끊이지 않고 있다. 기업의 질서가 어찌 되든 자신의 이익만 채우면 된다는 도덕심을 버린 이기심의 발로라 할 수 있다.

법정 드라마 중 우리 사회에서 일어나는 사건들을 비유적으로 보여주는 〈미스 함무라비〉에서 주인공은 사회에 부정부패를 저지르는 악당들이 많다며 분노했다. 그리고 앞서 언급했던 법과 정의의 여신상을 보며 "왜 저 여신이 두 눈을 가리고 있는지 이제야 알겠네요. 공정해야 돼서요? 아니오. 사람들의 더러운 꼴을 보고 있자니 저 칼로 다 쓸어버리고 싶어지니까 두 눈을 가리고 있는 거라고요"라고 말했다.

국가는 물론 어느 조직이든 기준은 공정해야 한다. 그리고 리더는 그 기준을 명확하게 선정하고 강조해야 한다. 만약 구성원들 중 그 기준을 무시하고 어긋나는 행위를 한 직원이 있을 경우 아무리 회사의 중요한 핵심 인재라 하더라도 예외 없이 징계해야 한다. 정해진 기준을 따르고 있는 대다수의 구성원들은 그러한 상황이 발생했을 때 리더가 어떻게 하는지 언제나 지켜보고 있음을 명심해야 한다.

 이는 가정에서의 자녀 교육에서도 마찬가지다. 출산율이 2025년 기준 0.8명인 우리나라의 가정에는 자녀가 한 명인 경우가 많다. 자녀 수가 많지 않은 부모 입장에서는 자녀가 원하는 것은 어떤 것이라도 해주고 싶어 한다. 그러다 보니 일부 부모들은 자녀가 가정에서 그리고 사회에서 올바른 구성원으로 행동하기 위해 어렸을 때부터 교육을 어떤 방향으로 시켜야 하는지에 대한 명확한 기준보다는 자녀의 희망사항을 들어주는 것에 초점을 맞춘다. 그러한 부모들은 자녀가 공개적인 장소에서 떠들 때도 혼내면 혹시나 아이가 기죽을까 봐 주변 사람들에게 피해가 가더라도 그냥 넘어가려고 한다. 개중에 누군가 자녀의 행동을 꾸짖기라도 하면 불쾌해하거나 '내 자녀는 내가 알아서 합니다'라며 모두를 불편하게 할 때도 있다. 그 순간은 지나갈지 모르지만 자녀들은 자신의 행동이 문제가 되지 않고 앞으로 그렇게 해도 된다고 생각하며 다른 곳에 가서도 똑같이 행동한다. 자녀를 아끼는 마음에서 했던 행동이 결국 자녀가 올바르게 자라는 데 걸림돌이 될 수 있음을 명심해야 한다. 물론 엄격하게 자녀를 대하라는 의미가 아니다. 자녀들에게 명확한 가이드라인을 제시해주고 그것을 지킬 수 있도록 하는 것이 필요하다는 것이다.

사람의 정직을 알 수 있는 최고의 척도는 소득세 환급액이 아니라 욕실 저울이 영점에 맞춰져 있냐 여부다.

- 아서 C.클락

우연적인 요소가 강한 로또에
소중한 내 인생을 걸 수는 없다

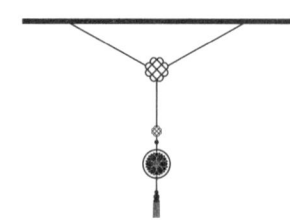

　매주 토요일 저녁이 되면 로또 1등 당첨자 수와 금액이 발표된다. 우리는 수십억이 되는 1등 금액을 받게 되는 누군지 모르는 그들을 부러워하며, 그들과 같이 인생 역전을 하고 싶은 마음에 로또를 구매하고 있다. 일부는 집 근처에서 사는 것으로는 스스로 정성이 부족하다고 생각해서인지 1등 당첨자가 구매했던 로또 판매점을 검색한 뒤 찾아가서 구매하기도 한다. 로또를 구매하는 모든 사람들이 반드시 1등이 되리라고는 생각하지 않는다. 다만, 힘들고 살기 어려운 세상살이에 혹시 로또 1등이 되면 얼마나 좋을까 하는 마음으로 구매할 것이다.

　그렇다면 로또에 당첨될 확률은 얼마나 될까? 814만 5,060분의 1이라고 한다. 이 확률은 욕조에서 넘어져 죽을 확률인 80만 1,923분의 1보다 10배 더 희박하고, 벼락에 맞아 죽을 확률인 428만

9,651분의 1보다 2배는 더 낮다. 그러나 로또를 구매하는 사람들이 그런 확률까지 계산하겠는가? 당장 매주 당첨자가 나오고 그 금액도 어마어마한 것에만 관심이 있을 뿐이다. 문제는 몇 장 호기심에 구매하는 것이 아니라 여기에 몇만 원에서 10만 원까지 투자하는 사람도 있다는 것이다. 치솟는 물가로 내 집 장만은 이번 생에는 힘들 거라는 생각에 그동안 모았던 수백만 원이나 되는 돈을 모두 한 번에 올인하는 것이다. 설마 그런 사람이 있을까? 하겠지만 실제로 그런 사람들이 있고 1등에 당첨되지 않은 결과에 낙담해서 극단적인 시도를 하는 등 더 깊은 나락으로 빠지는 사례를 뉴스로 접하기도 한다.

로또뿐 아니라 매년 초가 되면 한 해의 운세를 알아보기 위해 점집을 찾는 사람들이 많다. 대부분은 단순히 재미 삼아 보거나 건강 등 안 좋은 이야기를 들으면 좀 더 조심하고자 찾아간다. 점을 치는 것은 지금뿐 아니라 과거부터 있어 왔다. 개인 인생사가 아닌 국가의 운명을 결정짓는 전쟁을 해야 할지 말아야 할지를 결정할 때도 왕이 주술사의 점괘를 믿고 결정했던 사례가 많았다. 《한비자》는 이와 같은 우연적인 요소에 국가의 운명을 맡기는 행위에 대해 주의해야 한다고 했다. 그렇다면 현재를 살아가는 우리는 어떨까? 앞에서 이야기했던 수백만 원어치의 로또를 구매하면서 그 희박한 당첨 확률을 조금이라도 높이며 내 운명을 맡기는 것과 크게 다를 바 없을 것이다.

龜筴鬼神不足舉勝, 左右背鄕不足以專戰.
然而恃之, 愚莫大焉.

점을 보거나 귀신을 섬긴다고 승리를 확신할 수 없다. 또한, 전쟁을 할 것인지 아닌지를 결정하는 데 있어 별자리의 위치는 중요하지 않다. 그럼에도 불구하고 점, 귀신 그리고 별자리에 연연하는 것은 지혜롭지 못한 행동이다.

- 19편 식사(飾邪)

그렇다면 생각보다 많은 사람들이 이렇게 우연적인 요소에 관심을 갖고 일부는 강하게 집착하는 이유는 무엇일까? 그것은 미래가 불확실한 것이 너무 싫기 때문일 것이다. 소중한 내 인생인 만큼 어느 정도 예측을 해서라도 마음을 편안하게 하고 싶은 것이다. 그렇지만 미래를 예측하는 것은 희망사항일 뿐이다. 2차세계대전 승리의 주역 중 하나였던 영국 총리 처칠은 '어떤 전쟁이든지 쉽고 매끄럽게 진행될 거라고는 절대로, 절대로 믿지 마라. 이것은 새로운 길을 찾아 항해를 시작하는 사람이 앞으로 만날 조류와 허리케인을 예측할 수 있다고 믿는 격이다'라며 예측하는 것이 얼마나 의미가 없는지를 언급했다. 우리 인생도 전쟁터다. 이 전쟁터에서 막연하고 헛된 예측에 의지하며 심리적 안정을 찾으려 하기보다 발생하는 것들에 어떻게 대응을 할 것인가에 초점을 맞출 필요가 있다.

어떻게 보면 우리가 로또를 사고, 점을 보고 무엇인가를 바라고 예측하려고 하는 것은 우리가 지금까지 노력한 것보다 더 큰 것을 얻고자 하는 막연한 바람이자 욕심에서 시작하는 것이다. 지금 내가 처해 있는 상황과 가지고 있는 능력에서 어떤 상황이 발생했을 때 내가 그 상황을 어떻게 헤쳐 나가며 대응할 것인가에 집중하자. 소중한 나의 인생은 한 번뿐이기도 하지만 생각보다 길기 때문이다.

이성을 잘 실현하는 활동은 온 생애를 통한 것이어야 한다.
한 마리의 제비가 날아온다고 하루아침에 봄이 오는 것이 아니듯이,
인간이 행복해지는 것도 짧은 기간에 이루어지는 것이
아니기 때문이다.

- 아리스토텔레스 《니코마코스 윤리학》 중에서

다른 사람을 사랑하고 행복해지길 바랄 때
나도 그렇게 될 수 있다

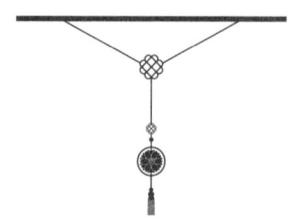

'크랩 멘탈리티(crab mentality)'라는 용어가 있다. 직역하면, '게 같은 정신', '게 마인드'로 '남들이 성공하는 모습을 눈 뜨고 보지 못하고 끌어내리려는 마음가짐'을 의미한다. 이 용어는 양동이에 담아 둔 게들의 특성에서 비롯되었다. 양동이에 게 한 마리만 담아두면 알아서 기어 올라와 빠져나갈 수 있지만 여러 마리의 게가 있으면 한 마리가 나가려고 할 때 다른 게들이 그 게를 잡고 끌어내려서 결국 모두가 못 나가게 된다. 이 현상에 빗대어 이런 태도를 '크랩 멘탈리티'라고 한다.

우리나라 속담에 '사촌이 땅을 사면 배가 아프다'가 있는 것처럼 나보다 잘하는 사람을 질투하고 끌어내리려고 하는 것은 동서양 어느 곳에서나 마찬가지인 것 같다. 그것은 나보다 주변에 있는 누군가가 주목받고 더 잘되는 모습을 보면 상대적으로 내가 뒤처지는 것 같은 느낌이 들기 때문이다. 그리고 '나보다 더 잘난 것도 없는데, 왜 나보다 더 잘나가지?', '내가 더 열심히 했는데…'라는 다양한 생각을 하게 된다. 예전에 한 자동차 TV 광고에서 '앞서 간다는 것은 부러움과 질투를 동시에 받는 것이다'라는 문구가 있었는데 질투하는 사람들의 마음을 너무 잘 표현했다고 생각한다.

《한비자》도 이 부분을 잘 알고 있기에 누군가가 행복해하고 잘되면 무엇을 바라지 말고 좋아해야 한다는 것을 강조했다. 남이 잘 안 되었을 때 내심 좋아할 것이 아니라 안타까워해야 한다고도 했다.

仁者, 謂其中心欣然愛人也, 其喜人之有福, 而惡人之有禍也
生心之所不能已也, 非求其報也故曰, 上仁為之而無以為也

인(仁)이란 아무 조건 없이 다른 사람에게 호감을 가지고 대하는 것이다. 주변 사람들이 행복하면 같이 행복해하고, 위험에 빠지면 같이 힘들어하며 해결책을 강구하는 것은 무엇을 배운다고 되는 것이 아니다. 이는 타고난 품성으로 그 행동을 한다고 해서 상대방에게 대가를 요구하지 않는다. 인(仁)에 대해 '노자'에서는 "의도하지 않고 마음 가는 대로 하는 것이 가장 높은 경지의 인(仁)이다"라고 했다.

- 20편 해로(解老)

'인'을 가지고 있다면 다른 사람이 진심으로 잘되기를 바랄 수 있으며, 가장 높은 '인'은 무엇을 바라지 않고 상대방이 잘되기를 바란다는 내용이다. 듣기 좋고 당연한 내용 같지만 그만큼 '인'을 내면화하여 실천하기가 어렵다는 것을 의미하기도 한다. 그렇다면 '인'은 어떻게 하면 쌓을 수 있을까?

우선 첫 번째로 해야 할 일은 나보다 앞서 있는 상대방을 인정하는 것이다. 사실 질투한다는 것 자체가 인정하는 것이다. 그럼에도 불구하고 그렇지 않다고 스스로 부정함으로써 조금의 위안을 삼고자 한다. 그러나 인정할 것은 인정해야 한다. 그래야 내가 앞으로 나아갈 수 있다. 어떻게 보면 《한비자》의 문구도 바로 이 부분을 강조하고자 한 것이다. 즉 '특정인의 주관적인 견해가 아니라 객관적인 지표로 자타공인 뛰어난 이가 있다면 이것저것 계산하지 말고 인정하라'는 의미인 것이다.

두 번째는 내가 부족한 부분에 대해 책임을 질 수 있는 '용기'가 필요하다. 즉, 철저한 자기 반성이다. 물론 이렇게 하기 쉽지 않다. 부끄럽기도 하고 자존심이 상할 수 있다. 그러나 이 단계를 거치지 않고 왜 내가 좋은 결과를 얻지 못했는지에 대해 여러 가지 이유를 대며 변명하는 데 급급할 경우 그 자리에 머물 수밖에 없다.

마지막 단계는 내가 부족한 것을 보완하고 개선해 나가는 것이다. 쉽게 말해, 몰라서 부족했던 부분을 묻고 배우는 것이다. 앞에서 언급했던 두 가지, 즉 상대방을 인정하는 것과 자기 반성은 내가 어떻게 마음먹는가에 달려 있지만, 이 단계는 주변 사람들에게 묻고 배우고 깨닫는 실천이 이루어져야 한다. 만약 행동하지 않고 그냥 지나치면 나보다 앞서 있던 이는 한걸음 더 앞서갈 것이고, 나와 비슷한 위치에 있던 이는 부족한 부분을 개선하여 나보다 앞서갈 것이다. 결국 실천하지 않고 현실에 안주하면 유지하는 것이 아니라 퇴보하는 것이다.

이 내용을 정리하면 '인정할 것은 쿨하게 인정하되 내 부족한 부분을 명확하게 식별한 뒤 이를 개선하기 위해 반드시 실천하라'이다. 그래야 내가 누군가보다 앞서갔을 때 상대방으로부터 질투도 받겠지만 진심으로 박수를 받을 수 있다.

남을 미워하면 저쪽이 미워지는 게 아니라 내 마음이 미워진다.
아니꼬운 생각이나 미운 생각을 지니고 살아간다면
그 피해자는 누구도 아닌 바로 나 자신이다.

- 법정 스님 《무소유》 중에서

상대방에 대한 좋은 감정은
숨기지 않고 표현해야 교감할 수 있다

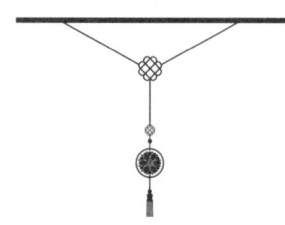

'말하지 않아도 알아요. 눈빛만 보아도 알아. 그냥 바라보면 마음속에 있다는 걸'이라는 한 초코과자의 유명한 광고 노래가 있다. 서로가 말하지 않아도 마음만 통하면 정이 생긴다는 가사로 훈훈한 분위기를 주어서인지 몰라도 사람들에게 오랫동안 사랑을 받았으며 자기도 모르게 흥얼거리는 사람들도 있었다. 이 노래는 말이나 글이 아닌 마음과 마음으로 전한다는 고사성어인 '以心傳心(이심전심)' 의미와 유사하다.

그러나 말하지 않고 눈빛만 보고 상대방의 의도를 알기란 쉽지 않다. 아니, 너무 어렵다. 우리는 상대방과 대화를 할 때조차 답답함을 느끼는 경우가 있고, 분명히 한글로 쓰인 글임에도 불구하고 읽었는데 무슨 내용인지 잘 이해가 가지 않는 경우가 종종 있다. 그런데 상대방의 눈빛만으로 무엇을 말하고 싶은지 알 수 있을까? 이것은 상대방이 중국집에서 짜장면과 짬뽕 중 어느 것을 선택할지를 알아맞춰야 하는 것처럼 막연하다. 확률이 50%여도 어려운데, 정답이 주관식이라면 더 어려워진다. 《한비자》도 이처럼 상대방에게 정확한 의사표현을 하지 않으면 상대방이 이해하기보다 오해할 수 있으므로 주의해야 한다고 했다.

禮者, 所以貌情也, 群義之文章也, 君臣父子之交也,
貴賤賢不肖之所以別也 中心懷而不諭, 故疾趨卑拜而明之

예(禮)란 겉으로 드러내는 감정이다. 이 감정으로 군주와 신하, 아버지와 아들, 귀함과 천함, 현명함과 어리석음을 구분하기도 한다. 감정은 행동으로 표현하지 않으면 상대방은 모를 수 있다. 그렇기 때문에 예를 갖추고자 한다면 상대방에게 몸을 낮추고 절을 함으로써 그 마음을 표현해야 한다.

- 20편 해로(解老)

직장뿐 아니라 가정에서도 내가 생각하는 마음을 제대로 표현해야 한다고 했다. 단, 상대방에 대한 불만을 표현하라는 의미가 아니다. 상대방에 대한 호감이 있고 선배나 상사에게 배울 것이 많고 따르고 싶을 때 직접적으로 표현해야 상대방도 알고 도움을 줄 수 있다는 의미다. 막연히 내 마음을 알아주겠지 하고 생각하면 시기를 놓칠 수 있다. 만약, 왜 나의 마음을 못 알아주냐며 상대방에게 섭섭함을 표현한다면 그것만큼 어리석은 행동은 없으며, 그것은 《한비자》가 언급한 '예'에 어긋나는 행위라고 할 수 있다.

그렇다고 호감이 가는 누군가에게 갑자기 다가가 마음을 표현하거나 도움을 요청하는 것은 쉬운 일이 아니다. 상대방 입장에서는 오히려 부담감을 느낄 수 있고 더 멀리하게 될 수도 있다. 그렇다면 어떻게 해야 할까? 가장 기본적이지만 효과적인 것은 인사를 하는 것이다. 대충 하는 인사가 아닌 제대로 된 인사이다. 우리는 하루에 많은 사람들을 만나고 인사를 하며 안부를 묻는다. 어쩌다 오랜만에 반가운 친구나 동료를 만나면 대화할 때 목소리 톤이 올라가거나 더 반가움을 표시하며 다음번 만남 일정을 잡을 때를 제외하고는 대부분 통상적인 인사를 한다. 그것은 나뿐 아니라 상대방도 그렇다. 굳이 말을 하지 않아도 모두 그렇게 느낀다.

내가 삶의 멘토처럼 따르고 싶은 이가 있다면 마주칠 때마다 밝고 성의 있게 인사해보자. 좀 더 밝게 웃고 목소리 톤을 조금 더 올려보자. 상대방 입장에서는 통상적인 인사가 아니라 활기찬 인사를 받으면 기분이 좋다. 물론 처음에는 '왜 그러지?'라고 생각할 수도 있지만 여러 번 반복되면 분명 여러분을 인사성 좋은 멋진 후배 또는 직장 동료라고 생각하게 될 것이다. 그 인사는 강력한 무기가 되어 결정적인 순간에 여러분에게 도움이 될 것이다. 자연스레 만나 이야기하는 순간이 올 수도 있는데 이때 평상시 궁금한 것을 물어보며 도움을 바란다면 상대방은 분명 오픈 마인드로 여러분이 하는 이야기에 귀를 기울여줄 것이고 도움을 줄 수 있는 부분이 있으면 적극적으로 도와주려고 할 것이다.

여러분이 그분에게 한 행동은 무엇이었나? 만날 때마다 진정성 있는 인사를 표현했을 뿐이다. 《한비자》가 언급한 것처럼 상대방에 대한 '예'를 행하는 것을 어렵고 대단하다고 생각하면 복잡해지고 상대방도 부담스러울 수밖에 없다. 가장 기본적인 것부터 마음을 담아 표현해보는 것이 때로는 상대방에게 더 잘 전달될 수 있다.

인사성 하나가 당신이 교양을 가진 사람인지,

싹수가 있는 사람인지 말해주고 용모나 옷차림 하나가

당신이 얼마나 준비된 사람인지를 말해준다.

- 전옥표 《이기는 습관》 중에서

내 감정대로 시원하게 표현하면
듣는 상대방은 답답하고 불편해진다

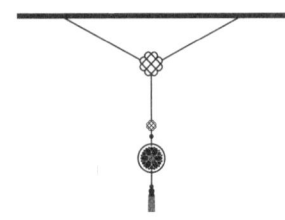

관심과 간섭의 차이는 무엇일까? 관심과 간섭의 옳고 그름 혹은 좋고 나쁨은 주관적인 판단과 상대 생각이나 행동을 바꾸려는 개입 여부로 구분할 수 있다. 관심의 목적은 상대방의 마음과 행동을 이해하려 하지만, 간섭은 상대방의 개별성은 존중하지 않고 생각과 행동을 바꾸려 한다. 즉, 간섭하는 사람은 상대방에 대한 배려가 없다. 우리는 이런 사람들을 통상 오지랖이 넓다고 한다. 우리 주위에도 그런 사람들이 많다. 본인의 일과 직접적인 관련이 없는데도 부담스럽게 많은 관심을 보이며 참견한다.

《한비자》에서는 간섭하는 이가 되지 않으려면 도를 터득해야 한다고 했다. 그래야 잘못하고 있는 자를 비난하지 않고 자기 것만 챙기려는 이기적인 사람에 대해 모욕하는 행위를 하지 않는다고 했다.

今有道之士, 雖中外信順, 不以誹謗窮墮 雖死節輕財, 不以侮罷羞貪

선비가 도(道)를 갖추고 있다면 상대방의 행동이 마음에 들지 않는다고 비난하지 않는다. 또한, 본인은 신념을 지키고자 죽음도 두려워하지 않고, 돈을 축적하는 것을 중요하게 생각하지 않는다 하더라도 반대 성향의 사람들을 비웃지 않는다.

- 20편 해로(解老)

그렇다면 간섭하는 사람들은 왜 그런 행동을 할까? 지금까지 그랬던 사람들을 보면 정말 핵심적인 위치에 있거나 정신 없이 바쁜 사람들보다는 어느 정도의 위치에 있지만 크게 바쁘지 않은 사람들인 경우가 더 많다. 그들은 본인이 특정인의 행동을 간섭하면서 자신의 존재감이나 정체성을 확립하고자 한다. 자신을 좀 봐달라는 간절한 외침이라 할 수 있다. 그러기 때문에 간섭을 하고 나서 스스로에게 뿌듯해하며 또 다른 간섭거리를 찾으러 돌아다닌다. 그러나 이들은 자신의 일에는 그만큼의 노력을 하고 있을까? 또 만약 누군가가 본인에게 관심을 보이거나 관심과 간섭의 경계

선에 해당하는 말을 했을 때 순순히 받아들일까? 아마 아닐 것이다. 그런 부류의 사람들은 다른 사람들이 자신에 대해 이야기하는 것을 극도로 싫어한다. 그리고 '왜 남의 일에 참견하느냐?'며 화를 내기도 한다.

앞에서 언급했던 간섭하기 좋아하는 사람들의 행동을 정리해 보면 크게 일곱 가지 특성으로 분류할 수 있다. ① 외로움을 많이 느낀다. ② 남에게 관심이 많다. ③ 삶이 단조롭기에 자신에 대해 할 이야기가 없다. ④ 자신보다 타인에 대한 관심이 더 많다. ⑤ 잘 알지 못하는 사람에 대해 이야기하는 것을 좋아한다. ⑥ 관심과 간섭의 경계를 모른다. 간섭을 관심이라고 생각한다. ⑦ 다른 사람을 자신의 통제하에 두고자 한다.

나도 일곱 가지의 특성 중 몇 가지에 속하는가를 세어보기도 했다. 간섭하기 좋은 사람이 되지 않기 위해 항상 경계하고 있지만 그것은 내 판단의 영역이 아닌 주변에 그 이야기를 듣는 사람이 결정하는 것이다. 따라서 나는 아닐 거라고 스스로 확신해서는 안 된다. 나는 《한비자》가 언급한 도를 터득한 선비처럼 내공을 가지고 있지 않다. 그렇기 때문에 항상 조심하고 또 조심하면서 생활해야 한다. 즉, 상대방이 의견을 구할 때 상대방의 마음과 행동을 이해하며 공감하는 것까지가 딱 좋다. 거기서 답답한 마음을 해소하거나 해결책을 제시해주려고 하거나 제대로 실천하지 못하고 있다고 언급하는 것은 간섭행 급행열차를 타고 달리는 것이다.

그리고 혹시 간섭하기 좋아하는 이가 나의 행동에 대해 내 면전 뿐 아니라 나 없는 다른 곳에서 이러쿵저러쿵 이야기할 때 최대한 무관심으로 대응하는 것이 좋다. 화가 난다고 바로 받아치거나 얼굴에 싫어하는 감정을 담아 표현하면 답답한 여러분의 마음은 일시적으로 시원해질 수 있을지 모르지만 오지랖이 넓은 사람은 그것을 받아들이지 못한다. 오히려 본인의 자존심에 상처를 입었다고 생각해 여러분에게 더욱 적대적으로 행동할 뿐 아니라 만나는 사람마다 여러분에 대한 흉을 늘어놓을 것이다.

꼭 필요하다고 생각될 때는 감정을 담지 말고 팩트만 간섭쟁이에게 정중하게 표현하는 것이 현명하다. 억울할 수 있고 답답할 수 있겠지만 그 역시 삶을 살아가는 방법 중 하나이다. 분명 다음번에 제대로 그 사람에게 잘못되었음을 느끼게 해줄 기회는 온다. 그 기회가 오기 전에 감정을 소모할 필요는 없다. 그리고 나 역시 동료와 후배들에게 간섭쟁이가 되지 않기 위해 경계하고 또 경계해야 한다.

지혜로운 자는 말하지 않고, 말하는 자는 지혜롭지 않다.

— 노자 《도덕경》 중에서

힘들고 어려운 상황이라도
차분하게 바라보면 해결책을 찾을 수 있다

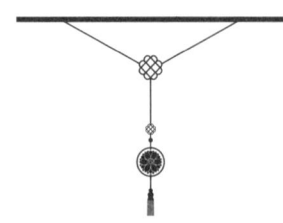

무엇인가를 추진할 때 원하는 만큼 성과를 내지 못할 때가 있다. 단순한 취미활동일 경우 웃어넘길 수 있지만, 정해진 기간이 있고 반드시 성과를 내는 일이라면 이야기가 달라진다. 마감시한이 다가올수록 급한 마음과 달리 머리는 백지장처럼 하얗게 되고, 손은 잘 안 움직여져 더 답답함을 느끼게 된다. 그런데 엎친 데 덮친 격으로 한 가지 일이 아니라 여러 가지 안 좋은 일이 동시다발적으로 발생할 때도 있다. 그럴 때면 당황스러움과 황당함이 내게 손짓한다.

《한비자》에서는 이러한 위기 상황을 돌파하고 원하는 바를 얻기 위해서는 '덕'을 쌓아야 한다고 했다.

---◆---

積德而後神靜, 神靜而後和多, 和多而後計得, 計得而後能禦萬物,
能禦萬物則戰易勝敵, 戰易勝敵而論必蓋世, 論必蓋世,
故曰 無不克 無不克本於重積德,
故曰 重積德, 則無不克

덕을 쌓으면 정신이 안정되며, 정신이 안정되면 주변과 사이좋게 지낼 수 있는 심성이 생기고, 그 심성이 쌓이면 생각한 대로 일을 추진할 수 있으며, 다양한 일들을 계획대로 잘 추진할 수 있으면 내게 위협이 되는 상대를 쉽게 제압할 수 있다. 또한, 뛰어난 언변까지 갖춘다면 제압하지 못할 것이 없다. 이러한 능력은 덕을 꾸준히 쌓을 때 가능하다.

- 20편 해로(解老)

---◆---

《한비자》는 이 문장에서 '덕'을 명확하게 어떤 것이라고 언급하지는 않았다. 하지만 위 문장들의 각 내용들이 단계별로 연결고리가 자연스럽게 이어지기 위해서 필요한 '덕'은 우리가 흔히 이야기하는 '내공'과 비슷한 의미라고 생각한다. 통상 내공이 있는 사람은 어려운 일이 있어도 쉽게 꺾이지 않고 본인이 해야 할 일을 제대로 해낼 수 있다. 따라서 내공이 쌓여 있어야 복잡하고 정신

없을 때도 마음을 차분하게 유지한 상태에서 바른 정신으로 집중해서 원하는 바를 얻어낼 수 있다. 그러고 나서 그에 대한 생각을 잘 정리한 뒤 누구에게라도 소신 있게 이야기할 수 있는 것이다.

그렇다면 '내공'은 구체적으로 무엇이라고 할 수 있는가? 사람들마다 생각하는 바가 다를 것이다. 그러나 대부분 내가 하고 있는 업무에서 원하는 결과를 얻을 수 있도록 하는 나만의 노하우라는 것에는 동의할 것이다. 그럼 노하우는 어떤 것으로 이루어져 있는가? 이 부분에 대한 의견도 다양하겠지만, 나는 '경험', '집중' 그리고 '평정심' 등으로 구분해보았다.

첫 번째, '경험'은 기존 것을 그대로 답습하는 것이 아닌 새로운 무엇인가를 창조해서 제시할 수 있는 소중한 밑거름이다. 수많은 '반짝반짝하는 아이디어들' 중 대부분은 결국 말로 끝나고 만다. 그나마 남은 아이디어도 대다수는 아무런 결과도 내지 못한다. '번뜩이는 아이디어'들의 실패율은 늦가을에 나무에서 우수수 떨어지는 낙엽만큼이나 많다. 그렇다고 실패하는 것이 싫어서 의견을 내는 것을 꺼리거나 주저하면 안 된다. 계속 아이디어를 내고 도전하면서 부딪혀야 한다. 그 속에서 제대로 업무를 수행할 수 있는 '끝내주는 아이디어'를 생각해낼 수 있다. 그렇게 해야 냇가의 차돌처럼 온갖 어려움을 겪은 뒤 매끄러우면서도 단단해질 수 있다. '경험'은 원하는 업무 성과를 이루기 위한 기본이자 중심점이다.

두 번째는 '집중'이다. 우리가 아무리 시간을 잘 관리한다고 해도 갑작스럽게 주어지는 일들로 인해 내게 주어진 시간의 절반 이상은 내가 마음대로 사용할 수가 없다. 그러다 보면, 분명히 내가 시간을 사용하는 것인데, 어느 순간 그 시간에 주도권을 뺏기고 끌려가는 느낌으로 생활한다. 출근한 뒤 퇴근할 때까지 주어진 업무를 소화하기 벅찬 상태로 생활하는 것을 반복할 뿐이다. 그 바쁜 가운데 내가 성과를 내야 하는 업무에 제대로 집중할 수 있을까? 피터 드러커는 《미래를 읽는 힘》에서 성과를 올리기 위한 비결 중 가장 중요한 것을 '집중'이라고 했다. 그리고 집중하기 위해서는 하고 있지 않은 해야 할 많은 일 중에서 가장 중요한 것부터 시작해야 하며 여러 가지 일을 동시에 하려고 하지 말고 한 번에 하나씩 집중하려고 노력할 것을 강조했다. 마음 같아서는 여러 가지 일을 다 잘하고 싶지만 현실은 그렇지 못하다. 상급자가 멀티플레이어를 원한다고 내가 여러 가지 일을 동시에 다 잘할 수는 없다. 스텝 바이 스텝으로 하나씩 끝내야 내가 한 업무에 대한 A/S 요소가 줄어들 수 있다. 그래야 또 다른 중요한 일에 집중할 수가 있다.

  마지막으로 '평정심'이다. 아무리 지금까지 해당 일에 경험도 많고, 중요한 업무에 집중을 한다고 해도 내가 예측하지 못했던 다양한 일들이 발생할 수 있다. 경험치가 높고 집중했다면 당황하는 정도가 조금 줄어들 수 있지만 분명 업무를 해나가는 데 있어 예측하지 못했던 일들은 나에게 장애물이다. 그렇기 때문에 평정심이 중요하다.《전쟁론》의 저자 카를 폰 클라우제비츠도 평정심은 '예측 불가능의 영역인 전쟁에서 업무를 처리할 수 있도록 하는 극대화된 능력'이라고 했다. 그 노력을 통해 내 앞에 심하게 꼬여버린 실타래를 보고 포기할 것이 아니라 호흡 한번 깊게 한 뒤 앉아서 실타래의 실을 하나하나 풀어낼 수 있는 것이다.

내공, 즉 '경험', '집중', '평정심'은 업무를 추진할 때, 힘들고 어려움이 다가올 때 분명 해결책을 제시해줄 것이다. 그리고 그 업무를 해결한 뒤 여러분의 경험치는 또 상승하고 내공은 더 강해질 것이다.

큰바람 타고 파도를 넘는 날 반드시 있으리니
높은 돛 곧게 달고 푸른 바다 건너리라.

- 이백《행로난》중에서

승리의 DNA를 가진 자가
또 다른 승리를 얻을 수 있다

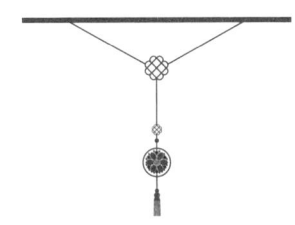

우리나라에서 권투는 야구 또는 축구보다는 인기가 없는 스포츠 중 하나다. 그래서 언젠가부터 텔레비전을 통해 권투 중계를 본 적이 없다. 그러다 보니 우리나라 권투선수 중 유명한 선수가 누구인지도 잘 모른다. 그런데 필리핀 권투선수 파퀴아오는 우리나라의 유명한 예능프로그램인 〈무한도전〉, 〈런닝맨〉 등 다양한 프로그램에 출연했고, 심지어 권투에 관심 없는 사람들도 그를 알고 있다. 비인기 스포츠인 권투 그리고 외국 선수를 다양한 예능에서 섭외하고 방송했던 이유는 무엇일까? 그리고 필리핀인들은 왜 그를 영웅이라고 하며 자랑스러워하는 것일까?

그것은 파퀴아오가 다양한 체급에서 승리를 했던 DNA를 가지고 있기 때문이다. 지금까지 그는 총 72번을 대결해서 62번을 승리했다. 승리하는 확률이 무려 86%였으며, 그중 상대방이 쓰러진 뒤 더 이상 일어나지 못해 경기를 끝내는 KO로 이긴 것이 39번이나 된다.

더 놀라운 것은 한 체급이 아닌 무려 8체급에서 챔피언의 자리에 올랐다는 것이다. 체급별 몸무게가 3kg 차이가 나는 것을 고려했을 때 20kg 넘게 체중을 조절하면서 챔피언 타이틀을 획득한 것이다. 권투선수가 원래 뛰던 체급이 아닌 20kg을 올렸다는 것은 3kg 아령 7개를 몸에 붙이고 시합을 했다는 것이다. 그럼에도 불구하고 챔피언이 되었다. 그래서인지 그의 인기는 필리핀에서 상상을 초월한다. 대통령이 생일날 직접 참석하기도 했고, 딸이 태어났을 때는 대통령과 장관까지 와서 축하해주었을 정도다.

모든 사람들은 그가 이루어낸 대단한 성과를 칭찬하지만 그가 어떠한 삶을 살아왔는지는 잘 모른다. 즉, 그들은 결과만 보고 환호하지만 그가 승리를 하기 위해 어떠한 노력을 기울였고 무엇을 깨닫고 실천했는지 모른다. 《한비자》는 파퀴아오가 깨닫고 실천했지만 대다수의 사람들이 알지 못하는 그 승리의 DNA를 '도'라고 표현했다.

―――――――◆―――――――

夫能有其國 保其身者, 必且體道
體道, 則其智深 其智深, 則其會遠, 其會遠, 眾人莫能見其所極

唯夫能令人不見其事極, 不見其事極者爲保其身 有其國
故曰 莫知其極 則可以有國

나라를 지키고 신체를 온전하게 보존하기 위해서는 반드시 도를 깨우쳐야 한다. 도를 깨우치면 지혜가 깊어지고, 지혜가 깊어지면 계획이 치밀해지고, 계획이 치밀해지면 일반 사람들은 그 계획이 어떤 의미인지 알 수 없다. 오직 도를 깨우친 사람만이 치밀한 계획의 의미를 알고, 온전히 몸을 보존한 가운데 나라도 지킬 수 있다.

- 20편 해로(解老)

'도'라는 의미가 다양하게 쓰이지만 이 문맥에서는 나와 국가를 지키기 위한 필요조건이다. 그리고 이것을 터득해야만 제대로 된 지혜를 갖출 수 있다. 그렇다면 이 중요한 '도'는 어떻게 터득할 수 있을까?

분명한 것은 지금 이 순간부터 내가 '도'를 터득해야겠다고 마음을 먹는다고 원하는 결과를 얻을 수는 없다는 것이다. 순전한 내 바람일 뿐이다. 승리의 DNA는 내 바람처럼 자연스레 다가오지 않는다.

결국 '도'는 나의 희망만 투영된 막연한 '의지의 영역'이 아닌 올바른 습관을 통해 구체적으로 손에 잡히는 '실천의 영역'인 것이다. 그렇기 때문에 《한비자》에서 언급했듯이 '도'를 터득해야만 소중한 것을 지키고 원하는 것을 이룰 수 있는 것이다. 게다가 상대방은 내가 어떻게 해냈는가도 알지 못한다. 상대방이 '실천의 영역'이 아닌 '의지의 영역'에 계속 머무른다면 여러분과 상대방의 차이는 좁혀지지 않고 유지되거나 더 벌어질 것이다.

이에 대해서 《이기는 습관》에서는 올바른 습관을 실천하는 사람을 '프로'라고 했고, 상대방과 비교하는 데 급급한 사람을 '아마추어'라고 했다. 그렇기 때문에 '도'를 터득한 진정한 '프로'는 절대적인 기준에 도전하는 반면, '아마추어'는 그저 상대방의 격차를 조금만 벌여도 만족한다. 프로는 자신의 루틴인 '습관'을 통해 원하는 목표를 향해 꾸준히 나아가지만, 아마추어는 남들이 잘못되기를 바라고 주위 환경 탓을 하며 변명거리를 찾는 것에 급급할 뿐이다.

당신이 생각하고 느끼고 행동하고 성취하는
모든 것의 99%는 습관의 결과다.

- 브라이언 트레이시 《백만불짜리 습관》중에서

과도한 욕심은
나의 몸과 마음을 상하게 한다

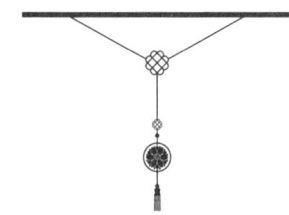

'많으면 많을수록 좋다'는 고사성어인 '다다익선(多多益善)'을 싫어하는 사람이 있을까?

물질적으로 부족하기보다 풍족하면 생활하기 여유롭고, 기회가 되면 주변 사람들과 나누면서 선행을 할 수도 있다. 또한, 정신적으로 바쁘게 생활하기보다 차분하게 일을 추진해나갈 수 있는 여유가 많으면 많을수록 좋다(물론 너무 여유를 부리다 해야 할 일을 놓치면 안 되겠지만…).

《한비자》가 쓰였을 당시 사람들도 풍족한 재물과 안정된 삶을 원했을 것이다.

故欲利甚於憂, 憂則疾生 疾生而智慧衰 智慧衰, 則失度量 失度量,
則妄擧動 妄擧動, 則禍害至 禍害至而疾嬰內 疾嬰內,
則痛, 禍薄外 則苦
苦痛雜於腸胃之間 苦痛雜於腸胃之間, 則傷人也憯
憯則退而自咎, 退而自咎也生於欲利
故曰 咎莫憯於欲利

과도한 이익을 얻으려고 하면 걱정이 많아지고, 걱정이 많아지면 몸이 아프게 된다. 몸이 아프면 판단력이 흐려지고, 판단력이 흐려지면 제대로 결정을 할 수 없어 행동할 때 실수하는 경우가 많아진다. 실수가 많아질수록 손해가 많아지게 된다. 손해가 심각해질수록 걱정이 많아져 위와 장 등 장기에 손상을 가져온다. 결국 몸이 심하게 안 좋아지면 그때 가서야 무리하게 욕심낸 것을 후회하게 된다. 그러므로 "이익을 과도하게 얻으려는 것만큼 치명적인 단점은 없다"라고 한 것이다.

— 20편 해로(解老)

이 문장들을 처음 읽어보면 '많은 것을 얻으려다 보면 문제가 발생한다는 것은 너무 뻔한 이야기 아닌가?' 하고 생각할 수 있다.

그리고 '지나친 것은 미치지 못한 것과 같다'는 의미인 '과유불급(過猶不及)'과 유사한 의미구나 하고 넘어갈 수 있다.

그런데 《한비자》의 문장은 단순히 '다다익선'이 나쁘고 '과유불급'을 따르라는 의미가 아니다. 핵심은 본인의 능력만큼 이익을 얻어야지, 능력보다 더 많은 것을 얻고자 하는 욕심을 부리는 순간 문제가 발생한다는 것이다. 나의 현 상태를 정확하게 파악하고 정해진 범위 내에서 노력하면 성취감을 맛볼 수 있다. 그 단계를 반복하면서 나의 능력은 조금씩 향상되기 때문이다. 그런데 현 나의 상태를 정확하게 파악하지 않고 욕심만 부릴 경우 탈이 날 수밖에 없다.

《한비자》는 사람들이 '다다익선'을 좋아하는 것을 누구보다 잘 알고 있었다. 그래서 단순히 '욕심 부리면 안 된다'고 이야기하지 않고, 욕심을 부리면 단계별로 악순환이 어떻게 발생하는가를 구체적으로 알려주었다.

만약 5km도 뛰어본 적이 없는 사람이 42.195km 마라톤을 완주하려고 한다면 가능할까? 누가 봐도 불가능하다. 그럼에도 불구하고 만약 마라톤 풀코스를 열 차례 넘게 뛰었던 회사 부장이 여러분에게 마라톤 대회에 참가해본 경험이 있냐고 물어보면서 한 달 뒤에 있을 마라톤 대회에 같이 참가하지 않겠냐고 할 때 어떻게 할 것인가? 당연히 해본 적이 없다고 사양해야 한다. 그럼에도 불구하고 부장에게 점수도 따고 회사 생활에 도움이 된다고 생각해 마라톤 풀코스를 뛰어본 적이 있다며 참가하겠다고 답변했다면? 여러분은 그때부터 '괜히 한다고 했나?', '지금이라도 못한다고 할까?', '못한다고 하면 나를 어떻게 생각할까?' 하는 걱정들이 밀려올 것이다.

날짜가 다가올수록 여러분의 스트레스는 더 커질 것이다. 소화도 잘 안 되고 머리도 지끈지끈 할 것이다. 사실 정답은 정해져 있다. 내가 할 수 있는 만큼만 하면 된다. 부장에게 자신의 능력에 대해 사실대로 이야기하고 5km 대회에 참가하는 것이 진정한 용기이고 지혜이다. 그러나 용기를 내지 못하고 결국 '뭐 어떻게든 되겠지' 하는 마음으로 대회에 참가한다면 《한비자》가 언급한 경거망동한 행동을 하는 것이다. 마라톤 대회에 참가해 실력 차로 인해 멀어져 가는 부장을 무리하게 쫓아가려다 3km도 가지 못하고 결국 쓰러져 병원에 실려 가게 된다. 즉, 화를 입게 되는 것이다. 생명에 지장이 없으면 다행이다. 그날 이후 부장과의 관계는 더 어색해지고 말 것이다.

지금까지 달리기를 해왔기 때문에 어느 정도 능력이 되는지는 본인이 제일 잘 알고 있다. 그럼에도 불구하고 회사 상급자에게 잘 보이기 위해 능력 이상의 행동을 하게 되면 분명히 그 부작용을 감내해야 한다. 나는 모든 일을 추진할 때 누구보다 내 능력을 정확히 알고 있다. 그렇기 때문에 '과유불급'할 경우 문제가 될 것 같으면 현 상태에서 더 이상 무리하지 않고 만족해야 한다. 만약 더 성취하고 싶은 마음이 있다면 차근차근 준비하면 된다. 그래서 내가 충분한 능력을 쌓았을 때 '다다익선' 하면 된다.

많으면 많을수록 좋다는 것은 결코 나쁜 것이 아니다. 많은 것을 가질 능력도 안 되는데 무리하게 '다다익선'을 하기 때문에 탈이 나는 것이다. 괜히 무리해서 몸과 마음을 상하게 하지 말고 고사성어의 좋은 의미까지 퇴색시키는 잘못은 범하지 말자.

스스로를 드러내는 사람은 현명하지 못하고,
스스로를 옳다고 여기는 사람은 드러나지 못하며
스스로를 자랑하는 사람은 공을 없게 하고, 스스로를 뽐내는 사람은
오래가지 못한다. 그것을 도에서 본다면 남은 음식이요,
군더더기 행동이다.

– 노자 《도덕경》 중에서

나의 생각은 말하지 않아도 스며 나와 상대방이 알 수 있음을 유의하라

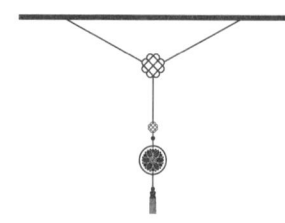

학교에 다닐 때 같은 반이 아니더라도 '○○는 춤을 아이돌처럼 춘다' 또는 '○○는 그림을 정말 잘 그린다'는 소문을 들을 때가 있다. 회사를 다니다 보면 '김○○ 대리는 회사 임원들 앞에서 프레젠테이션을 끝내주게 했다더라'는 소문이 퍼질 때가 있다(그 반대도 있다). 그들이 자신의 입으로 직접 언급하지 않아도 그런 소문은 금방 퍼지기 마련이다. 이에 어울리는 고사성어로 '낭중지추(囊中之錐)'가 있다. 즉, 주머니 속의 송곳이라는 뜻으로, 뾰족한 송곳은 가만히 있어도 반드시 뚫고 삐져나오듯이 뛰어난 재능을 가진 사람은 눈에 띈다는 의미다.

뛰어난 재능을 가진 사람이 본인이 말하지 않아도 남의 눈에 띈다는 것은 참 멋진 일이다. 그런데 그 반대의 경우는 어떨까? 실력은 없는데 있는 척하거나 본인이 예쁜 척, 멋있는 척 행동한다면 많은 사람들이 불편한 시선으로 바라볼 것이다.《한비자》에서는 예화를 들어 이 내용을 명확하게 짚어주고 있다.

楊子過於宋. 東之逆旅. 有妾二人. 其惡者貴. 美者賤

楊子問其故

逆旅之父答曰 美者自美. 吾不知其美也

惡者自惡. 吾不知其惡也

楊子謂弟子曰 行賢而去自賢之心. 焉往而不美

양자가 송나라 지역을 지나가다 잠을 자기 위해 여관에 묵었다. 여관 주인에게는 두 명의 첩이 있었는데 외모가 뛰어나지 못한 첩은 주인에게 사랑을 받는 데 비해 아름다운 여자는 오히려 냉대를 당하고 있었다. 양자가 왜 그런지 묻자, 여관 주인이 이렇게 대답했다.
"아름다운 여자는 본인이 예쁘다고 생각하나 나는 모르겠습니다. 못생긴 여자는 스스로 못생겼다고 하는데 그것도 나는 모르겠습니다."
양자가 제자들에게 말했다.
"너희들이 한 행동이 현명하다고 스스로 마음먹지 않는다면 주변 사람들에게 항상 칭찬받을 것이다."

- 22편 설림.상(說林. 上)

이 예화를 처음 읽었을 때 너무 극단적인 것이 아닌가? 하는 생각이 들었다. 지나가던 양자라는 사람은 주인에게 못생긴 여자가 총애를 받고 아름다운 여자는 천대를 받는 부분에 대해 물어보았다. 이는 순전히 외모로 두 명의 첩을 평가한 것으로 다분히 외모지상주의적 발언이다. 그러나 주인은 아름다움과 못생김은 단순히 보여지는 외모가 아닌 행동으로 평가해야 한다며 우문현답을 통해 양주를 에둘러 나무랐다. 양자 역시 이를 듣고 제자들에게 현명하게 행동하는 것이 가장 중요하며, 더 나아가 그렇게 행동한다고 스스로 생각하지 않는 것이 중요하다고 했다.

그런데 여기서 두 가지를 좀 더 고민해보았으면 한다.

첫 번째, 이 예화에서 양자가 언급했던 주인의 아름다운 여자 입장에서 한번 생각해보자. 그 이유는 《한비자》가 이 예화를 제시할 때는 분명 이 글을 읽고 있는 대다수의 사람들이 자신들도 모르게 그녀와 비슷한 행동을 하고 있음을 알려주고 싶었을 것이다. 그래서 여러분이 어느 정도 능력도 있고 인정받는 위치에 있을 경우 드러내놓고 말하지 않는다 하더라도 눈빛이나 행동에서 상대방을 무시하거나 거만함이 묻어 나와 상대방은 금방 눈치채고 여러분을 멀리할 것이다. 여러분 중 '나는 상대방에게 그렇게 말한적 없다'고 억울해할 수 있을지 모르지만 생각하는 바가 있으면 부지불식간에 그렇게 행동하게 된다. 가식적으로 행동하는 것은 분명 한계가 있다. 상대방은 여러분이 쓴 가면을 금방 눈치챌 것이다.

두 번째, 솔직함이 선(善)은 아니라는 것이다. 물론, '정직이 최선의 방책이다(Honesty is the best policy)'라는 말도 있는데, 솔직한 것이 왜 선한 것이 아니냐며 되물어보는 분들도 있을 것이다. 그러나 솔직함, 즉 정직은 순전한 나의 관점이다. 내가 그렇게 생각하는 것이다. 나는 그게 최선이라고 생각해서 솔직하게 이야기했지만, 내가 잘못 알고 있을 수도 있다. 그럼에도 불구하고 난 솔직하게 이야기했으니까 당당하다고 생각하며 그렇게 행동한다면 주변 사람들을 불편하게 할 뿐이다.

이 두 가지를 모두 고민해보았을 때 컵 안에 들어 있는 물에 잉크를 한 방울만 떨어뜨려도 전체적으로 퍼지듯이 나의 생각과 행동은 주변 사람들이 금방 알아차리게 될 것이다. 또한, 솔직함보다는 겸손함에 더 집중하고 노력하는 것이 필요하다. 나의 소신 있는 행동이 사실이 아닐 수 있으며, 때로는 주변 사람을 불편하게 할 수 있다고 생각해야 한다. 그렇기 때문에 나의 말과 행동을 조심스럽게 하고 상대방의 의견을 존중할 수 있어야 한다. 결국 내가 나를 스스로 아름답거나 못생겼다고 판단하는 것은 아무런 의미가 없다. 나와 함께 생활하고 있는 사람들이 나를 평가하는 모습으로 나는 그렇게 인식되기 때문이다.

인생에서도 그렇듯 전쟁에서 중요한 것은
당신의 실제 병력 규모나 보급 상태가 아니라
적이 인식하는 당신의 모습이다.

- 로버트 그린 《전쟁의 기술》 중에서

여유 있는 삶의 기준은 내가 정한다

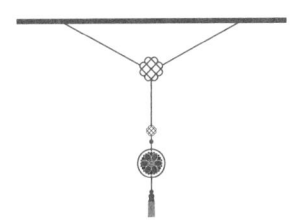

2022년에 NH투자증권 100세시대연구소에서 발간한 '2022 중산층보고서'에 따르면 30~50대 중산층에 속하는 성인 1,140명을 대상으로 '스스로 중산층이라고 생각하는가?'라고 설문조사한 결과 응답자의 45.6%가 자신이 하위층이라고 답했다. 이는 2020년 조사 때 응답 비율 40.5%보다 증가한 수치라고 한다. 설문조사 대상자들은 경제협력개발기구(OECD)가 정의한 중산층인 균등화 중위소득 75~200% 사이인 월 385~1,020만 원의 월급을 받는 이들이었음에도 불구하고 스스로 하위층이라고 했다.

여러분이 이 뉴스를 접한 뒤 똑같은 설문조사를 한다면 어떻게 답변하겠는가? 어느 정도 부유해야 중산층이라는 생각이 들까? OECD 기준 중산층 소득이어야 하나? 아니면 내가 정한 기준만

충족하면 되는 것인가?

사람마다 중산층에 대해 바라보는 기준은 제각각 다르다. 그러다 보니 내가 어느 수준에서 만족해야 할지가 명확하지 않아 계속 더 많은 것을 추구하게 된다. 《한비자》 역시 이 부분에 대해 언급하며 주의해야 한다고 했다.

桓公問管仲 富有涯乎?
答曰 水之以涯, 其無水者也 富之以涯, 其富已足者也
人不能自止於足, 而亡其富之涯乎!

제나라 환공이 관중에게 "부를 어느 정도 축적하면 만족하겠습니까?"라고 묻자, 관중은 "물이 시간이 지나면 증발되어 없어지듯 부를 축적하게 되면 만족하는 것이 자연스러운 것입니다. 그러나 사람들이 축적된 부에 만족하지 못할 경우 끊임없이 부를 축적하고자 할 것입니다."

- 23편 설림.하(說林. 下)

《한비자》는 스스로 주어진 상황에서 만족감을 느끼지 못하면 부유함, 즉 여유롭다고 느끼지 못할 것이라고 했다. 즉, 컵에 물을

아무리 많이 붓는다 하더라도 컵의 크기에 맞는 물이 다 채워진 뒤에 붓는 물은 차고 넘쳐 결국 사용할 수 없게 된다. 그 물은 시간이 지나면 수증기가 되어 증발되고 만다. 결국 내 컵에 채울 만큼의 양에서 만족해야 함을 강조했다. 그렇다면《한비자》는 여기서 어떤 부분을 강조하고 싶었던 것일까?

《한비자》는 노력한 만큼 성과를 얻은 뒤에는 그 순간 만족할 줄 알아야 함을 알려주고 싶었을 것이다. 즉, 만약 스스로 그 결과에 만족하지 못하고 더 많은 것을 얻고자 할 경우 어떤 결과가 나오더라도 항상 불만일 수밖에 없다. 나 자신에 대해 실망했기에 다음번에 더 잘하고자 앞으로 달려갈 것이다. 휴식 없이 계속 달려가다 보면 항상 시간에 쫓기고 불안할 것이다. 그러다 보면 어느 순간 피로감이 몰려와 일이 효율적으로 진행되지 못하고 기본적인 것에서도 실수를 저지를 수 있다. 그러다 보면 내가 그동안 이루었던 것들도 놓칠 수 있다.

또, 우리가 부유함을 너무 물질적으로만 바라보고 있지 않은가? 라는 생각을 해볼 필요가 있다. 출처가 명확하지 않지만 다수의 SNS를 통해 널리 퍼져 있는 우리나라와 영국, 프랑스 등의 중산층 기준을 보면 획일화되어 있지 않다. 한국 직장인들은 경우 중산층을 부채 없는 30평 이상의 아파트, 월 급여 500만 원 이상, 자동차는 2,000cc급 중형차 소유, 예금액 잔고 1억 원 이상을 소유해야 한다고 했다. 이와 달리 영국과 프랑스 국민들은 외국어를 하나 이상 해야 하며, 악기와 스포츠를 할 수 있어야 하고, 봉사활동을 꾸준히 하는 것을 중산층의 기준이라고 했다.

나는 이 자료에 동의하지 않는다. 영국, 프랑스뿐 아니라 세계의 모든 국가의 사람들 역시 잘 먹고 잘 살고 싶어 하는 물질적인 풍요로움을 추구하기 때문이다. 다만, 중산층의 기준을 물질적인 것에만 국한하지 않고 외국어와 악기, 스포츠 그리고 봉사활동을 하는 것까지 포함하는 것에는 동의한다. 이와 같은 행동을 내가 한다는 것은 지금의 삶에 만족하고 주위를 둘러볼 수 있는 여유를 갖고 있다는 의미이기 때문이다.

첫 문단의 '2022 중산층보고서'를 발간한 연구소 역시 이와 유사하게 분석했다. '단지 소득 기준만으로 우리나라 중산층을 정의할 수 없다. 소득뿐 아니라 부동산을 포함한 자산, 가족이 주는 정서적 안정감 등을 모두 충족해야 한다'고 했다. 즉, 중산층이 되어 여유 있는 삶을 살기 위해서는 물질적인 것뿐 아니라 정서적 안정이 필수라는 것이다.

그 안정의 첫 번째 단계는 지금 나의 삶을 되돌아보며 나에 대해 정확하게 아는 것이다. 그리고 스스로 부끄럽지 않게 노력해서 어느 정도 결과를 이루었다면 조금 부족한 부분이 있더라도 만족하는 것부터 시작해야 한다. 그 만족은 나에게 여유를 줄 것이다. 그 여유는 다른 사람과 비교하여 앞서가려 하기보다 내 앞에 있는 장애물들을 지혜롭게 헤치고 앞으로 나아가는 데 집중함으로써

나 자신을 극복할 수 있는 힘을 줄 것이다.

남을 아는 사람은 지혜롭지만 자신을 아는 사람은 현명하다.
남을 이기는 사람은 힘이 있지만, 자신을 이기는 사람은 강하다.

- 노자《도덕경》중에서

주위 사람들과의 신뢰를 쌓는
첫 단계는 언행일치다

사람들과 지내다 보면 말이 행동보다 앞서는 이들이 있다. 한두 번은 그들이 하는 말을 믿지만, 그런 행동이 계속 반복되다 보면 불신이 생긴다. 그러다 보면 만나는 횟수도 줄고 결국 멀리하게 된다. 그들은 내게 일부러 거짓말을 한 것일까? 아니면 거짓인지 모르고 이야기한 것일까?

프랑스 르네상스기를 대표하는 철학자인 몽테뉴는 《수상록》에서 '거짓'과 '거짓말'에 대해 명확하게 구분해서 언급했다. '거짓을 말한다'는 것은 그릇된 일을 말하면서 그것이 진실이라고 생각한 것이고, '거짓말한다'는 자기 양심에 반대되는 뜻을 품고 자기가 알고 있는 바와는 반대로 말하는 경우를 가리킨다. 몽테뉴는 거짓인 줄 알고도 하는 거짓말은 저주받을 악덕이라고 했다. 사람들은 서로 간에 약속을 지킴으로써 믿고 살아갈 수 있기 때문에 거짓말을 하는 사람들은 마땅히 화형에 처해야 한다고까지 강하게 언급했다.

거짓말 중에도 상대방이 기분 나쁠까 봐 배려해서 하는 '착한 거짓말'은 다르게 바라봐야 하는 것 아닌가? 하고 생각하는 분들도 있을 것이다. 그렇다면 '착한 거짓말'과 '나쁜 거짓말'을 누가 어떤 기준으로 구분할 수 있는가? 거짓말을 하는 사람인가? 아니면 거짓말을 듣고 속는 사람인가? 이 부분을 짚고 넘어갈 필요가 있다.

거짓말을 착함과 나쁨으로 구분하는 것은 순전히 거짓말을 하는 사람 입장에서 판단하고 선택한 결과일 뿐이다. 거짓말을 당한 사람 입장에서는 속았다는 사실만으로도 기분이 나쁠 수 있다. 그리고 상대방에 대한 신뢰가 불신으로 바뀔 것이다. 다만, 상대방과 지금까지 지내왔던 관계를 고려해서 겉으로 웃고 넘어가거나 불쾌하지 않은 표정을 지을 뿐이다.

《한비자》는 몽테뉴처럼 거짓말을 해서는 안 되며 약속을 하면 반드시 지켜야 한다고 언급하면서도, '착한 거짓말'이 어떻게 부정적 영향을 끼칠 수 있는가를 어머니와 아들의 대화를 예시로 언급했다.

曾子之妻之市, 其子隨之而泣,
其母曰 女還, 顧反為女殺彘
妻適市來, 曾子欲捕彘殺之
妻止之曰 特與嬰兒戲耳
曾子曰 嬰兒非與戲也
嬰兒非有知也, 待父母而學者也, 聽父母之教
今子欺之, 是教子欺也
母欺子, 子而不信其母, 非以成教也
遂烹彘也

증자의 아내가 시장에 가려는데 아들이 따라오며 계속 울자, "집에 가 있으면 엄마가 시장에서 돌아와 돼지를 잡아 맛있는 음식을 만들어줄게"라고 말하고 시장에 갔다. 증자의 아내가 시장에서 돌아오자 증자가 돼지를 붙잡아 죽이려고 해 만류하며 말했다. "아들이 울어서 달래려고 돼지고기를 준다고 했을 뿐입니다." 그러자 증자가 말했다. "아들에게 거짓말을 해서는 안 되오. 아들은 자녀가 없기 때문에 부모에 의존하고 하는 말을 그대로 따르기 마련이오. 그렇기 때문에 자녀를 속이면 그것은 자녀에게 거짓말을 가르치는 것이나 마찬가지요. 아들은 어머니가 본인을 속였다는 것을 알게 되면 그 이후로 어머니가 하는 말을 믿지 않을 것이오. 이것은 부모가 자녀를 양육하는 방법이 아니오." 그렇게 말한 뒤 돼지를 잡아 삶았다.

- 32편 외저설. 좌상(外儲說. 左上)

　거짓말을 한 어머니를 나쁜 사람이라고 생각하는 사람은 없을 것이다. 즉, 우리는 어머니가 '착한 거짓말'을 했다고 생각한다. 그러나 《한비자》에서는 이러한 거짓말 역시 해서는 안 된다는 것을 명확하게 했다. 자식 입장에서는 본인을 낳고 키워주는 부모의 말을 세상 누구보다 믿고 따른다. 그런데 부모가 자식을 달래기 위해 거짓말을 반복적으로 하면 자식은 점차 부모가 하는 말을 신뢰하지 못하게 된다. 결국 가장 중요한 순간에 부모를 불신해서 믿어야 할 때 믿지 못하고 서로 간에 상처를 받게 되는 등 더 큰 것을 잃을 수 있게 된다.
　부모와 자식 간의 관계에서도 거짓말을 함으로써 서로 신뢰가 무너지게 되는데, 하물며 친구, 직장 동료들 간에는 어떻겠는가? 업무적으로나 사적으로 친분을 쌓아가는 단계에서 내 조그마한 잘못을 상대방이 알게 되면 실망할까 봐 순간적인 상황에서 거짓말을 하는 경우가 있다. 그 순간에는 어떻게든 넘어갈 수 있을지 모른다.
　그러나 시간이 흐르면서 서로 간에 관계가 깊어질수록 많은 이야기를 할 경우 자신은 거짓말했던 것을 잊어버리고 예전에 했던 말과 다르게 이야기를 할 것이다. 그러면 상대방은 내가 예전에 거짓말을 했다는 것을 알고 내게 실망할 것이다. 그때는 내 잘못이 아닌 자신을 속였다는 사실에 화가 날 것이고 서로 간의 신뢰는 깨진 유리창처럼 다시 회복되기 어렵게 된다.

기억력이 충분하지 못한 사람은
거짓말쟁이가 될 생각을 아예 말라.

- 몽테뉴 《수상록》 중에서

기회는 억지로 만들 때 오지 않고
기본에 충실하면 자연스레 찾아온다

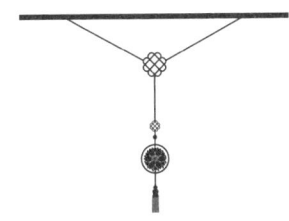

2018년 1월 13일은 천체 전문가들뿐 아니라 일반인들까지 설레게 한 날이다. 가장 큰 보름달인 '슈퍼문'과 공전 주기상 2.7년 만에 한 달에 보름달이 두 번 뜨는 '블루문', 개기월식으로 붉게 보이는 '블러드문' 현상이 한꺼번에 나타나는 날이었기 때문이다. 이런 현상은 1982년 12월 이후 35년 만이었다.

꼭 이렇게 희귀한 날이 아니어도 밝게 빛나는 보름달을 보면 기분이 좋다. 그래서 정월대보름이 아니더라도 보름달을 보면서 가족들 또는 연인과 함께 두 손을 모으고 소원을 빌었던 기억들이 한 번쯤 있을 것이다(물론 굳이 손을 모으지는 않더라도 혼자 달을 멍하니 바라보며 마음속으로 무언가를 바랐던 적이 더 많겠지만).

그렇다고 우리는 소원을 빌고 싶은 날마다 보름달을 볼 수는 없다. 보름달을 다시 보려면 상현, 초승달, 그믐달, 하현을 지나 약 30일의 기간이 지나야 가능하다. 보름달뿐 아니라 밀물과 썰물, 꽃과 열매 등 대부분의 자연 현상은 분명 어느 정도의 기간이 필요하다. 한겨울에 꽃과 열매를 보고 싶다고 볼 수는 없다. 즉, 모든 것은 다 때가 있는 것이다.

이러한 현상은 꼭 자연에서만 일어나는 것이 아니다. 우리가 살아가는 사회도 마찬가지다. 내가 무엇인가를 이루기 위해 의지를 보이는 것은 좋다. 하지만 그 의지만 가지고 원하는 것을 이룰 수는 없다. 오히려 그것에 매여 있다 보면 다른 것들을 놓칠 수 있다. 《한비자》에서도 이 부분을 언급하며 무리하게 무엇인가를 얻으려하면 할수록 얻을 수 없다고 강조했다.

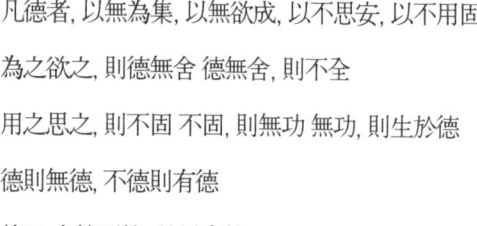

凡德者, 以無爲集, 以無欲成, 以不思安, 以不用固
爲之欲之, 則德無舍 德無舍, 則不全
用之思之, 則不固 不固, 則無功 無功, 則生於德
德則無德, 不德則有德
故曰 上德不德, 是以有德

무릇 덕은 무엇을 인위적으로 하지 않음으로써 쌓을 수 있고, 욕망을 탐하지 않음으로써 이룰 수 있으며, 잡다한 생각을 하지 않음으로써 심신이 안정되고, 불필요한 곳에 정신을 쏟지 않음으로써 굳건해진다. 무엇을 이루고자 하는 욕망을 추구하면 덕이 생기기 않고 덕이 생기지 않으면 살아가는 삶이 불안정해진다. 덕은 인위적으로 갖고자 할 때 생기지 않고, 인위적이지 않을 때 생긴다. 그래서 "최고의 덕은 그 덕을 갖고자 하는 마음이 없을 때 생긴다."

- 20편 해로(解老)

《한비자》는 '최상의 덕은 덕을 구하려는 마음이 없는 것'이라고 했다. 좀 극단적이지 않은가? 구하려는 마음이 없는데 어떻게 구할 수 있는가?《한비자》에서는 이 문장을 통해 언급한 덕을 구하려는 마음과 욕망을 무리하게 추구하는 것으로 본 것 같다. 누구나 힘든 시기가 있고 이를 견뎌야 할 때가 있다. 마음만 급하다고 일을 무리하게 추진하면 그르치게 될 확률이 훨씬 높다. 현재 주어진 상황을 긍정적인 자세로 받아들이고 이를 극복하기 위해 노력하는 것이 필요하다.

《이기는 습관》에서도 이러한 긍정적인 삶의 자세에 대해서 언급했다.

"인생에서 우연히 되는 것은 하나도 없는 것 같아요. 분명 이 시점에 이런 일을 하고 있는 데는 다 이유가 있다고 생각합니다. 누구는 그것을 자산이나 기회로 삼고, 누구는 그냥 흘려보내요. 그

차이가 우리네 인생을 가르는 것 같아요. 그때 전 고급 레스토랑에 와서 식사를 하는 또래 아이들이 하나도 부럽지 않았어요. 이렇게 생각했죠. '나는 경제적 능력 없는 부모 덕분에 이렇게 그들보다 더 빨리 세상에 나와 많은 것들을 일찍부터 배울 수 있잖아'라고요."

세상에 태어나는 순간 내가 부모님을 선택할 수는 없다. 경제적으로 풍요로운 부모님을 만날 수도 있고 그렇지 않을 수도 있다. 어떤 이는 부모님이 불의의 사고로 일찍 세상을 떠나 어렸을 때부터 가정의 생계를 책임지는 역할을 하는 경우도 있을 것이다. 경제적으로 힘들어서 또래 친구들처럼 미래의 멋진 꿈을 꾸며 생활하기보다 냉혹한 현실을 맞닥뜨리고 하루하루 힘들게 지낼 수도 있다.

그러나 《이기는 습관》의 내용처럼 지금 현재 나에게 주어진 상황을 버티는 느낌으로 그냥 흘려보내는 것보다 어렸을 때 다양한 경험을 통해 성장하고 있다는 긍정적 마인드를 갖는 것이 중요하다. 막연한 것을 얻기 위해 무리하기보다 내게 주어진 기본적인 일을 차근차근 해나가면 어느덧 달이 30일이라는 시간이 지나 자연스레 보름달이 되듯 풍성한 성취감을 맛볼 수 있을 것이다. 또 이러한 성취감이 반복되다 보면 어느 순간에 여러분 인생에 '슈퍼문'뿐 아니라 '블루문' 그리고 '블러드문'과 같은 최고의 순간들이 한꺼번에 찾아올 것이다.

❖

자책하지 마십시오. 여러분 탓이 아닙니다.
그냥 계속 하다 보면 평소와 똑같이 했는데
그동안 받지 못했던 위로와 보상이
여러분들에게 찾아오게 될 것입니다.

- 오정세, 백상예술대상 수상소감 중에서

2장

일을 성공적으로 수행하고 싶다면 명심해야 할 것

韓非子

틈이 있어 담장이 무너지는 것처럼 모든 결과에는 원인이 있다

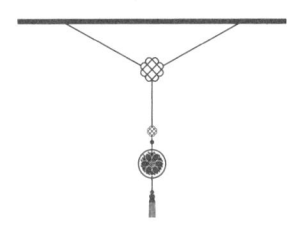

영화 《엑스맨》의 주인공 울버린 역으로 유명한 영화배우 휴 잭맨은 SNS를 통해 피부암을 앓다가 완치한 사연을 알려 화제가 되었다. 2013년에 코에서 암세포를 발견해 다섯 차례에 걸친 수술을 받았는데 피부암에 걸린 이유가 평소 야외활동을 즐겨 했지만 선크림을 바르지 않았기 때문이라고 했다.

보건복지부 자료에 따르면 국내 피부암 발생률이 지난 10년 사이 3배 이상 늘었다고 한다. 우리는 외출할 때 강한 햇빛으로 인해 자외선에 노출되는 위험을 막기 위해서 선크림을 발라야 한다는 것을 알고 있다. 그러나 의외로 많은 이들이 귀찮아하거나 발랐을 때 끈적거리는 느낌을 싫어해서 바르지 않고 외출한다. 결국 자신도 모르게 휴 잭맨처럼 피부암에 걸릴 확률을 높이고 있는 것이다.

《한비자》는 이렇게 자외선에 여러 차례 노출되어 피부암에 걸리듯 나라가 흥하고 망하는 것 역시 현재 나타난 결과에 영향을 미치는 원인들이 분명 존재했음을 언급했다.

---◆---

亡王之機, 必其治亂 , 其強弱相踦者也
木之折也必通蠹, 之壞也必通隙

나라가 부강해지는가 약해지는가는 그 나라를 잘 다스리는가 그렇지 않은가, 굳건한가 그렇지 않은가 중 어느 한쪽으로 기울었는가에 달려 있다. 나무가 부러지는 것은 분명 그 안에 벌레가 파먹어 약해졌기 때문이고, 담장이 무너지는 것은 분명 구멍이 생겼기 때문이다.

- 15편 망징(亡徵)

---◆---

나무가 부러지고 담장이 무너지는 순간만 본 사람은 그 결과만 기억한다. 그러나 왜 부러지고 무너졌는가에 대해 의문을 가지고 그 원인을 살펴보면 벌레가 파먹어서 나무가 부러졌고, 벌어진 틈 때문에 담이 무너졌음을 발견할 수 있을 것이다.

물론 벌레가 나무를 한두 번 파먹었다고 나무가 부러지지는 않는다. 그러나 벌레가 몇 달 동안이나 파먹도록 방치한다면 얼마 지나지 않아 곧 나무가 부러지는 모습을 보게 될 것이다. 이처럼 사소한 것이라도 무시하고 외면하기보다 관심을 가지고 해결책을 마련하기 위해 노력해야 한다. 미국의 작가이자 정치가인 벤자민 프랭클린은 '사소한 지출을 주의하라. 작은 구멍 하나가 당신을 침몰시킬 수도 있다'라고 했다. 즉, 사소하다고 생각하는 행동 하나하나가 나중에 치명적인 위협으로 내게 다가올 수 있는 것이다. 마치 휴 잭맨이 피부암에 걸린 뒤 10년 가까이 여러 차례 수술과 치료를 병행한 것처럼 말이다.

　그렇다면 벌레가 그토록 오랫동안 파먹도록 방치하지 않기 위해서 우리는 어떻게 해야 할까? 병법서 중 하나인 《육도》의 제29장 '병징'에서 '승패의 징조는 먼저 군대의 정신 상태로 드러난다'고 했다. 즉, 뛰어난 장수들은 전쟁터에서 승리의 냄새를 맡기 위해 집중한다. 그리고 상대방이 말하거나 행동하지 않아도 무엇을 원하는가를 꿰뚫어 볼 수 있다. 이러한 정신 상태라면 밖에서는 보이지 않는 나무속을 갉아먹고 있는 벌레라 하더라도 나무의 바깥에 평상시와 달라진 부분이 있음을 찾아내어 잡을 수 있다. 결국 나무는 쓰러지지 않고 튼튼하게 성장할 수 있게 된다.

　여기서 명심해야 할 사항은 '이정도쯤이야. 내가 충분히 통제 가능하지' 하는 생각을 버리는 것이다. 만약 그 생각을 버리지 못한다면 자만심이 나의 눈을 가릴 것이다. 그 결과 나무속에 감춰진 벌레가 밖으로 나와 내 눈앞에 보인다 하더라도 그냥 지나칠 수 있다. 결국 벌레를 잡을 시기를 놓치게 되고 벌레가 갉아먹은 나무는 쓰러져버리고 마는 불행을 맞이하고 말 것이다.

우리가 나이가 들면서 가장 신경 쓰는 부분이 바로 얼굴이다. 이 얼굴은 시간이 지나면 지날수록 세월의 흔적이 남는다. 미국의 제16대 대통령 에이브러햄 링컨도 '사람은 40세가 지나면 자기 얼굴에 책임을 져야 한다'고 했다. 요즘 텔레비전에 노년 모델분들이 광고나 예능프로그램에 나오는 것을 자주 볼 수 있다. 그분들의 연세가 60대부터 70대 중반인데도 불구하고 멋지거나 고운 모습을 보며 다들 부러워한다. 그리고 '나도 저 나이가 되었을 때 저런 모습으로 늙었으면 좋겠다'라고 생각한다.

그분들의 가장 큰 매력은 웃는 모습이 너무 자연스럽고 온화하다는 점이다. 아마 젊으셨을 때부터 바쁘고 힘들더라도 여유를 갖고 웃으면서 상대방을 대하셨던 흔적들이 지금까지 남아있는 것일 것이다. 만약 그분들이 조그마한 일에도 화를 내거나 예민한 감정들을 그대로 표출하며 지내셨다면 가만히 계셔도 찡그린 표정이거나 웃더라도 어색하셨을 것이다.

나도 여러분도 늦지 않았다. 혼자 살아가는 세상이 아닌 만큼 내 주위 사람들과 함께 즐겁게 웃을 수 있는 일을 자주 만들어야겠다. 웃을 일이 있어야 웃는 것이 아닌 웃음으로써 웃을 일을 만들어 가도록 해야겠다. 그래서 시간이 흘러 장년 그리고 노년이 되었을 때 웃는 모습이 자연스러운 할아버지와 할머니가 되었으면 좋겠다.

오늘 나의 불행은 언젠가

내가 잘못 보낸 시간의 보복이다.

- 나폴레옹

욕심을 내지 않는 것과 아무것도 안 하는 것은 다르다

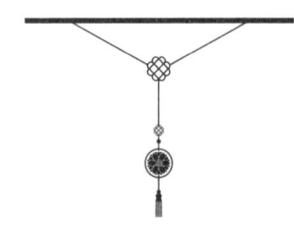

멍때리기 대회는 2014년부터 진행되고 있다. 국내뿐 아니라 해외에서도 대회가 열리지만 한강에서 하는 '한강 멍때리기 대회'가 제일 유명하다. 가수 크러쉬가 2016년에 우승하면서 화제가 된 적도 있다. 멍때리기 대회는 바쁜 현대인들에게 '과연 아무것도 하지 않는 것은 시간 낭비인가?'라는 질문을 던지는 참여형 퍼포먼스다.

이 대회는 바쁜 현대인들의 삶 속에서 아무것도 하지 않으며 지내는 것도 의미가 있음을 알려주고자 한 것이다. 실제로 이 대회에 참가했던 한 분께서 "아무것도 하지 않으면 아무것도 일어나지 않는다고 했는데, 아무것도 일어나지 않으니까 너무 좋습니다. 마음이 좋아요"라고 하셨다. 이 대회의 취지를 잘 설명해주는 명언이라 할 수 있다. 무엇을 하지 않으면 불안해하는 현대인들도 한 번쯤 멍때리는 것이 필요한 요즘이라 할 수 있다.

---◆---

所以貴無爲無思爲虛者, 謂其意無所製也
夫無術者, 故以無爲無思爲虛也
夫故以無爲無思爲虛者, 其意常不忘虛, 是製於爲虛也
虛者, 謂其意無所製也

내가 일을 하거나 생각을 할 때는 스스로 할 것인지 안 할 것인지를 구분하는 것이 중요하지, 생각을 하지 않아야 한다는 그 생각에 너무 매몰되거나 다른 사람의 시선을 너무 의식해서는 안 된다. 눈치를 봐서는 안 된다. 그럴 경우 생각을 비우고자 해도 제대로 비울 수 없다. 스스로 그 마음에 사로잡혀 있기 때문이다. 따라서 제대로 마음을 비운다는 의미는 타인의 영향보다 나의 의지가 중요하다.

- 20편 해로(解老)

---◆---

《한비자》에서도 이 '멍때리기'를 언급하고 있다. 아무 일도 하지 않고 아무 생각도 하지 않는 것의 궁극적인 의미와 '멍때리기'도 요령이 있음을 알려주고 있다.

'멍때리기'의 핵심은 그냥 무념무상의 상태일 때 효과가 있는 것이다. 나 자신을 고요한 상태에서 돌아보며, 불필요한 욕심을 부리면서 스스로를 힘들게 하고 있는 것들로부터 자유로워지기 위함이다. 그렇다고 '지금부터 아무 생각도 하지 말아야지' 하는 생각을 억지로 하게 되면 편안함을 느끼기보다 아무것도 하지 않아야겠다는 강박관념이 오히려 마음을 불편하게 만든다.

내 마음에 욕심을 덜어내고 자연스럽게 행동하는 것은 어렵다. 나 스스로 불편하지 않다고 생각하고 행동하면 나의 선한 행동이 착한 것이지만, 그렇지 않고 주위를 의식한 행동이라면 그냥 착한 척하는 행동일 뿐이다.

길가에 쓰레기가 떨어져 있을 때 주워서 쓰레기통에 버리거나 어르신이 횡단보도를 늦게 건너가실 때 옆에서 부축해 드리는 행동은 의식하지 않고 자연스레 하는 행동이다. 이러한 행동은 분명히 착한 행동이다. 그러나 평상시 혼자 길을 다닐 때는 그와 같은 상황에서 그냥 지나쳤는데, 학교 친구 또는 직장 동료와 함께 걸을 때는 칭찬 받거나 인정받고 싶은 마음에 그와 같이 행동한다면 이는 주변 사람들에게 잘 보여야 한다는 욕심에 사로잡혀서 하는 행동이다.

그러나 정말 중요한 것은 남이 아닌 나 자신이다. 내가 마음이 불편한 상태로 행동하면 한두 번은 티가 나지 않을지 모르지만 분명 어색한 행동은 밖으로 드러나게 되어 있다.

그렇다고 선한 행동은 나와 맞지 않다고 아무것도 하지 않은 채 마음 편하게 지내겠다고 생각하려는 자세는 더 바람직하지 않다. 착한 일을 할 때 불편하던 마음이 점차 가라앉고 자연스레 행동하도록 노력하는 과정이 필요하기 때문이다. 결국 내가 어떤 행동을 할 때 주위 사람들의 유무를 의식하지 않고, 스스로에게 떳떳하고 불편하지 않게 생활하는 것이 가장 중요하다.

이는 독립운동가셨던 도산 안창호 선생께서 홀로 있을 때도 늘 삼가고 조심해야 한다고 강조하셨던 '신독(愼獨)' 의미와 맞닿아 있다. 신독을 통해서 남이 보거나 안 보거나 상관없이 늘 일관되고 균형 있는 언행과 몸가짐을 행하는 것이 중요함을 잊지 말자.

그대가 방에 홀로 있을 때 살펴야 하니

이때는 방구석에도 부끄러움이 없어야 한다.

드러나지 않는 곳이라고 하여 보는 이가 없다고 하지 마라.

신이 이르는 것은 헤아릴 수 없으니 어찌 게을리할 수 있겠는가?

- 《시경》 중에서

힘들고 어려울수록 내게
행운이 찾아오고 있음을 믿고 행동하라

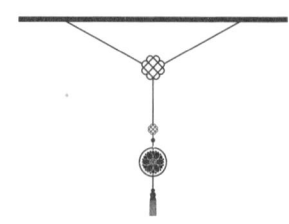

2023년 6월 에콰도르에서 장례를 치르던 중에 관 안에서 살아난 76세의 한 여성의 사연이 언론에 나와 화제가 되었다. 당시 여성은 사망 선고를 받고 입관됐지만 관을 긁으며 살아나 조문객들을 놀라게 했다. 물론 그 여성은 오래 살지 못했고 일주일 뒤 세상을 떠났다.

사망 이후에 잠깐 정신이 돌아오는 것이 아니라 이미 사망 선고를 받아 장례를 치르고 조문객들을 받고 있는 도중에 관에서 살려달라고 했을 때 가족들과 조문객들은 얼마나 놀랐겠는가? 이 뉴스를 접했을 때 '죽은 타인의 시체를 살려내 죽은 나의 혼을 되돌린다'는 의미인 36계의 제14계 '차시환혼(借屍還魂)'이 떠올랐다. 이미 죽은 사람이라도 살려내서 도움을 받을 만큼 절박한 상황을 의미하기도 하고, 내게 불리하게 돌아가는 상황을 극적인 연출을 통해 내게 유리하게 전환시키고자 하는 의지이기도 하다.

《한비자》는 불리한 상황을 '재앙'이라고 했다. 그리고 그 두려움 속에서 어떻게 행동하느냐에 따라 좋은 결과, 즉 '복'이 들어온다고 했다. 내가 불리한 상황에 처했을 때 빨리 포기하기보다는 주어진 여건 속에서 반전시킬 수 있는 상황이 무엇이 있는가 찾기 위해 끊임없이 노력해야 함을 강조한 것이다.

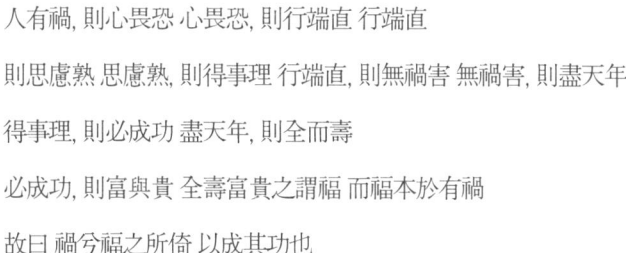

人有禍, 則心畏恐 心畏恐, 則行端直 行端直
則思慮熟 思慮熟, 則得事理 行端直, 則無禍害 無禍害, 則盡天年
得事理, 則必成功 盡天年, 則全而壽
必成功, 則富與貴 全壽富貴之謂福 而福本於有禍
故曰 禍兮福之所倚 以成其功也

사람은 안 좋은 일이 생기면 걱정이 많아지고, 걱정이 많아지면 행동을 조심하게 되며, 행동을 조심하게 되면 안 좋은 일이 생기지 않고, 안 좋은 일이 생기지 않으면 걱정 없이 살 수 있다. 행동을 조심하면 경솔하게 행동하지 않고, 경솔하게 행동하지 않으면 세상 살아가는 이치를 깨닫게 되고, 사물의 이치를 깨닫게 되면 원하는 바를 이룰 수 있다. 걱정 없이 살 수 있으면 장수할 것이며, 원하는 바를 이루면 부와 명예를 얻을 것이다. 장수와 부 그리고 명예를 얻는 것을 '복'이라고 한다. '복'은 본래 안 좋은 일에서 생긴다. 그래서 '안 좋은 일에서부터 복이 자라난다'고 한 것이다.

- 20편 해로(解老)

과연 '안 좋은 일'을 '복'으로 바꾸는 것이 쉬울까? 앞에서 이야기한 것처럼 죽은 시체를 살려내는 것만큼 어려울 것이다. 그렇다고 안절부절못하면서 아무것도 못 하면 그냥 '안 좋은 일'이 계속될 뿐이다. 두려움 속에서 포기하지 않고 해결할 수 있다는 긍정적인 자세가 필요하다. 할 수 있다는 마인드를 가진 사람만이 해결 가능한 방안들을 떠올릴 수 있고, 결국 해결책을 찾아 임무를 완수할 수 있는 것이다.

누구나 다 힘들다. 기성세대들은 IMF 시기였던 1990년대 후반에 정말 힘들었다고 이야기하겠지만, 지금 이 시대를 살아가고 있는 10대 후반부터 30대까지는 누가 뭐라고 해도 지금 이 순간이 가장 힘들다. 그야말로 '재앙'인 것이다. 하지만 힘들고 어렵다고 포기하지는 말자. 너무 힘든 상황이기 때문에 어느 정도는 고민할 수 있고 우물쭈물할 수도 있다. 삶이 내가 계획한 대로 되지 않기에 어느 정도 방황할 수 있기 때문이다.

그러나 나는 결국 성공할 수 있다고 다짐하고 문제를 해결하는 데 집중해야 한다. 그러기 위해서는 중요하지 않은 것들은 가지치기하듯 관심에서 배제시켜야 한다. 가장 중요한 본질적인 것에만 관심을 갖고 고민하고 또 고민해야 한다. 그 고민하는 과정에는 성실함이 무엇보다 우선시되어야 한다. 영국의 정치가였던 벤저민 디즈레일리는 '사람이 지혜가 부족해서 일에 실패하는 경우는 적다. 사람에게 늘 부족한 것은 성실이다'라고 했다. 그 과정을 겪고 나면 분명히 그전에 위기였던 것이 기회로 바뀌어 있을 것이다.

또한, 결과만큼이나 그것을 이루어 나가는 과정에서 얻는 기쁨도 있다. 때로는 그 과정에서 힘든 것뿐 아니라 행복을 느끼기도 한다. 유발 하라리가 쓴 《호모데우스》에서도 '우리를 행복하게 하는 것은 목표 자체가 아니라 과정이다. 에베레스트산 정상에 서는 것보다 그 산을 오르는 과정이 더 뿌듯하다'고 했다. 우리도 여행을 가서 현지에 도착하는 것만큼이나 떠나기 전에 필요한 물품을 준비하고 인터넷으로 관련 자료들을 검색하며 기쁨을 한 번씩은 느껴보았던 만큼 과정의 기쁨을 누리기 위해 노력하자.

인간은 잘 보이지 않는 미래를 향해
걸어가고 있는 것처럼 보이지만 모든 변화를
오히려 기회로 받아들이는 자세야말로 미래를 개척한다.
- 피터 드러커 《미래를 읽는 힘》 중에서

잘나갈 때 조심하라는 의미를
그냥 흘려보내면 후회하게 된다

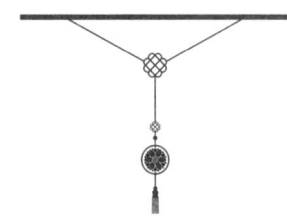

대학교수뿐 아니라 고위 공직자 또는 기업인들이 학생 또는 직장 후배들에게 성폭행을 한 혐의로 재판을 받거나 해당 직위에서 파면당했다는 내용을 언론을 통해 종종 접하곤 한다. 대부분 아내와 자녀가 있음에도 불구하고 그런 행위를 했다는 것에 대해 사람들은 한마디씩 비난을 하면서도 나와는 크게 관련 없는 일이라고 생각하며 다른 뉴스를 클릭한다.

그러나 성폭행뿐 아니라 학교폭력 그리고 회사 내 갑질은 특정 조직에서만 발생하지 않는다. 학교 및 사회생활을 하는 많은 장소에서 지금도 발생하고 있다. 그런데 그들은 왜 그런 행동을 하는 것일까? 그들도 분명 그 행위로 인해 자신들이 지금까지 쌓아왔던 것들이 순식간에 날아간다는 것을 알고 있을 것이다. 그 위치까지 올라가기 위해 10년 넘게 국내뿐 아니라 해외에서 힘들게 공부해서 학위를 받았을 것이고, 높은 지위에 오르기까지 치열하게 업무를 해왔을 것이다.

우리는 그들이 그런 행위를 한 것에 대해 그냥 나쁜 사람이라고 치부하고 넘어가는 것보다 그 원인을 한 번쯤 고민해볼 필요가 있다. 그러한 상황이 언제든지 내 주변에서 발생할 수 있기 때문이다. 《한비자》는 이 부분에 대해 어느 정도 방향을 제시해 주었다.

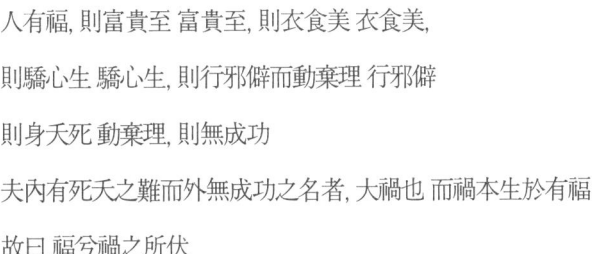

人有福, 則富貴至 富貴至, 則衣食美 衣食美,
則驕心生 驕心生, 則行邪僻而動棄理 行邪僻
則身夭死 動棄理, 則無成功
夫內有死夭之難而外無成功之名者, 大禍也 而禍本生於有福
故曰 福兮禍之所伏

사람에게 복이 굴러들어 온다는 것은 부와 명예가 생긴다는 것이다. 부와 명예가 생기면 먹고사는 걱정이 없어지고, 먹고사는 걱정이 없어지면 무엇이든 할 수 있다는 교만한 마음이 생기고, 교만한 마음이 생기면 이치에 어긋나는 행동을 하게 되며, 이치에 어긋나는 행동을 하게 되면 원하는 바를 얻을 수 없게 된다. 무릇 내적으로 교만하고 외적으로 이치에 어긋나는 행동을 하면 언제나 문제

가 발생한다. 그래서 '복은 문제 발생의 근원이 있는 곳이다'라고
했다.

- 20편 해로(解老)

　《한비자》는 스스로 열심히 해서 무엇인가를 이룬 사람은 부유함과 귀함, 즉 명예와 부를 얻게 되는데, 그러다 보면 교만해지고 사악해져 도리에 벗어나는 행동을 하게 된다고 했다. 결국 그것은 내게 '재앙'으로 다가오는 것이다. 즉, 잘나갈 때 조심해야 한다. 그러나 사람이 특정 직책에 올라가 성공했을 때 뿌듯함과 더불어 자신이 타인에게 영향력을 미칠 수 있다고 생각한다면 그것에 한 번 빠진 뒤에 헤어나오기 쉽지 않다.
　내가 이야기하는 말과 행동에 주변 사람들이 점점 집중하고 따르려고 할 경우 우쭐해지고 어느덧 그것에 익숙해진다. 그러다 보면 교만한 마음이 생기고, 내 주변의 사람들이 나에게 호의적이기 때문에 내가 어떤 행동을 해도 이해해주고 받아줄 것이라는 잘못된 결론을 내린다. 그러다 보면 성폭행과 같은 도리에 어긋나는 행동을 하게 된다.
　진짜 문제는 그 어리석은 행동이 잘못된 것인지도 모르고 계속 반복하는 것이다. 심지어 더 높은 상급자에게 그 부분을 지적받거나 범죄에 가까운 행동을 해서 처벌을 받아야 할 상황에 놓이더라

도 그들은 단순한 실수라며 억울해할 것이다. 2023년 넷플릭스 드라마로 유명했던 〈더 글로리〉에서도 송혜교를 괴롭혔던 학생들은 커서도 자신들의 잘못을 인정하기보다는 억울해하고, 단순한 실수로 치부했다. 그들은 부모가 가진 권력과 부를 배경으로 학교생활을 했기 때문에 어떤 것이 올바른 것인지 제대로 판단하지 못한 채 커버린 것이다.

이렇게 잘못된 행동을 하는 것은 결국 지금까지 쌓아왔던 것만큼의 진짜 실력을 갖추고 있지 못하기 때문이다. 진짜 실력은 단순히 지식이나 물질적 풍요로움만을 의미하지 않는다. 내 주변 사람들의 도움과 지지로 인해 이룰 수 있었다는 겸손함을 더해야 채울 수 있는 것이다.

멈출 줄 알고 만족할 줄 알라는 교훈을 준수하며
자손 만대로 이어질 높고 높은 명성을 보존하십시오.

― 오긍《정관정요》중에서

굳은 마음으로 일을 추진하지 않으면
조그마한 일에도 흔들릴 수 있다

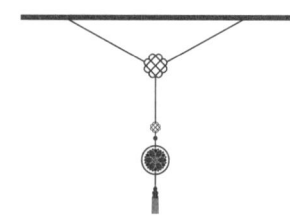

미국의 조직심리학 교수인 애덤 그랜트가 쓴《오리지널스》에서 심리학자들은 무엇을 성취하는 데 두 가지 길이 있다고 했다. 순응(conformity)하는 길과 독창성(originality)을 발휘하는 길이다. '순응'은 이미 잘 닦여진 길로 앞선 무리를 따라가며 현상을 유지함을 의미한다. '독창성'이란 인적이 드문 길을 선택하여 시류를 거스르지만 참신한 아이디어나 가치를 추구해 결국 더 나은 상황을 만듦을 의미한다.

무엇인가를 성취하기 위해 필요한 두 가지 길인 '순응' 또는 '독창성'을 실천하는 데 있어 유의해야 할 것은 나의 가치관, 즉 본질은 변질되어서는 안 된다는 것이다. 성취에만 집중하다 보면 내가 처음에 왜 그것을 성취하려고 했는지, 성취함으로써 어떤 부분을 개선할 수 있는지를 놓치는 경우가 있다. 《한비자》에서는 이 부분을 나무의 뿌리라고 설명했다.

樹木有曼根, 有直根 直根者, 書之所謂 柢也

柢也者, 木之所以建生也 曼根者, 木之所以持生也

德也者, 人之所以建生也 祿也者, 人之所以持生也

今建於理者, 其持祿也久 故曰 深其根

體其道者, 其生日長, 故曰 固其柢

柢固, 則生長 根深, 則視久, 故曰 深其根, 固其柢, 長生久視之道也

나무뿌리는 좌우로 뻗어나간 것도 있으며, 아래로 곧장 뻗은 것도 있다. 곧장 뻗은 뿌리는 나무의 성장에 필수적인 부분이고, 좌우로 뻗어나간 뿌리는 나무를 더 튼튼하게 해준다. '덕'은 사람의 생명에 필수적인 부분이고, '월급'은 사람이 살아가는 데 필요한 요소이다. 나무에게 가장 중요한 뿌리는 곧장 뻗은 것이다. 뿌리가 튼튼해야 나무가 잘 자라고, 오랫동안 수명도 유지된다. 그래서 '곧은 뿌리가 굳건할수록 나무가 오랫동안 유지될 수 있다'고 했다.

- 20편 해로(解老)

나무의 뿌리가 영양소를 흡수하듯 내 주변에 일어나는 다양한 현상들을 모두 거부감 없이 받아들이면서 내 것으로 만드는 것은 중요한 활동이다. 나보다 앞서 있는 사람들뿐 아니라 도움이 필요한 이들과 함께 하면서도 배울 수 있는 부분들이 많기 때문이다. 때로는 나와 주변 사람들과 의견이 맞지 않을 수도 있다. 그 순간에 내가 생각하는 본질과 정면으로 거스르지 않는다면 웃으며 넘어갈 수 있다. 또, 양보도 할 수 있고 내 실수가 있다면 사과를 하면 된다. 그러한 과정을 통해서 나의 가치관은 보다 유연해지고 폭넓게 된다.

그런데 나의 가치관에 배치되는 상황이 있을 수 있다. 평상시라면 내가 옳다고 생각하는 것을 따르겠지만, 만약 내가 생각하는 본질과 다른 결정을 해야만 내가 승진도 할 수 있고, 더 많은 부를 창출할 수 있다면 어떻게 하겠는가? 사실 진짜 위기에 처했을 때 그 사람의 진짜 내면의 모습이 나타난다고 한다. 평상시에는 오염된 지구환경을 정화하기 위한 봉사활동을 틈틈이 하고, 매월 기부금도 내면서 자신의 SNS에 그 내용을 올렸던 사람이 돌고래를 포획하거나 경제적 이익을 위해 주요 생태계가 보존되어 있는 지역을 개발하는 회사 주식에 투자를 하며 이익을 얻고자 한다면 이율배반적인 행동이라 할 수 있다.

물론 '근본적인 가치관도 바뀔 수 있지'라고 생각하는 분들도 있을 수 있다. 그러나 《한비자》에서도 언급했듯이 나의 정체성을 형성하는 것은 나무로 치면 곧장 뻗은 중심 뿌리로 타협 대상이 아니다. 내 앞에 있는 이익에 집중하다 나의 모든 것들이 왜곡될 수 있다. 따라서, 가장 중요한 것은 본질인 가치관을 유지하기 위해 노력하는 것이다.

본질을 유지하기 위해서는 내가 근본적으로 옳다고 생각하는 것을 위해 꾸준히 실천하는 성실함이 필요하다. 그 성실함을 바탕으로 나의 본질을 유지하고 지킬 수 있다. 《오리지널스》에서는 독창성을 통해 세계적으로 성공하려면 수많은 아이디어를 내야만 그에 비례해서 가능성이 높아진다고 했다. 그 예로 런던교향악단이 선정한 세계 50대 고전음악 목록 중 모차르트 곡은 여섯 작품, 베토벤 곡은 다섯 작품, 바흐 곡은 세 작품이 선정되었는데 모차르트는 35세에 세상을 떠나기 전까지 600여 곡을 작곡했고, 베토벤은 평생 650곡 그리고 바흐는 1,000곡 이상을 만들었다고 했다. 그들은 자신의 음악 세계에 확신을 갖고 꾸준히 한 결과 수많은 노력 속에 결국 빛을 발휘할 수 있었던 것이다.

우리도 뿌리를 굳건히 한 상태에서 꾸준히 노력해 '순응'에서 한 걸음 나아가 '독창성'을 보여줌으로써 인생의 승리자가 되자!

보이는 것에 휘둘리지 않고 근본과 본질을 볼 수 있어야 한다.
— 공병호

일을 추진할 때 말을 자주 바꾸면 안정보다 혼란이 가중된다

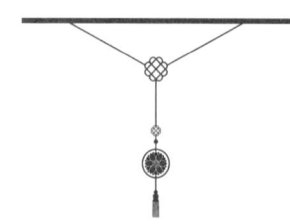

'의심이 가는 사람은 쓰지 말고, 사람을 썼다면 의심하지 말라.'

(疑人莫用 用人勿疑 의인막용 용인물의)

《명심보감》제11강 성심편(省心篇)에 나오는 내용이다. 만약 일을 할 때 사람이 필요하다면 신중하게 알아보고 선택해야 하며, 일을 맡겼다면 그 사람이 하는 일을 신뢰해야 한다는 내용이다. 만약 일을 맡겨둔 뒤에도 불안해서 그 사람이 하는 일마다 의심의 눈초리로 바라본다면 서로 관계가 불편해질 뿐 아니라 결국 일도 제대로 추진할 수 없게 된다.

물론 일을 시킨 사람과 해야 하는 사람의 입장이 다를 수 있다. 일을 시킨 사람 입장에서는 당연히 일을 망치려고 간섭하고 의심하지는 않을 것이다. 다만, 본인의 성격이 급할 수도 있고, 하는 일이 본인의 성에 차지 않을 수도 있다. 그렇다고 기존에 부여했던 업무의 방향을 계속 바꾸면 더 좋아질 거라는 생각에 이런저런 요구를 하면 오히려 원하는 결과와 점점 멀어지게 되는 경우가 많다. 일을 하는 사람 입장에서는 어떨까? 하는 업무가 조금씩 익숙해져 가고 있을 때쯤 새로운 업무가 추가되고 방향이 바뀌면 혼란스러울 수밖에 없다. 또 업무 지시가 바뀔 수도 있다는 생각이 들어 불안해서 제대로 집중할 수도 없다. 《한비자》에서도 이런 혼란을 겪는 부분의 폐해에 대해 언급했다.

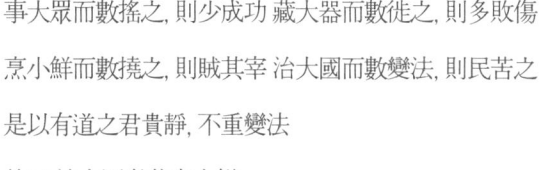

事大眾而數搖之, 則少成功 藏大器而數徙之, 則多敗傷
烹小鮮而數撓之, 則賊其宰 治大國而數變法, 則民苦之
是以有道之君貴靜, 不重變法
故曰 治大國者若烹小鮮

사업주가 고용한 사람들을 너무 자주 교체하면 성공할 가능성이 낮다. 큰 그릇을 너무 자주 옮기게 되면 그만큼 깨질 확률이 높고, 작은 생선을 굽는다고 자주 뒤집으면 윤기를 잃는 것은 물론 부서질 수 있으며, 나라를 다스리는 지도자가 규율을 자주 바꾸면 백성들이 어떻게 해야 할지 몰라 힘들어할 것이다. 따라서 도를 깨우친 군주는 말이나 행동을 함부로 하지 않으며 한 번 세운 원칙을 쉽게

뒤집지 않는다. '큰 나라를 다스리는 지도자는 작은 생선을 굽는 것처럼 조심해야 한다.'

- 20편 해로(解老)

 기존에 계획된 일들을 자주 바꾸면 옮기다가 그릇이 깨지거나, 작은 생선이 자주 뒤집히다 윤기를 잃는 것처럼 부정적인 결과를 낳을 뿐이라고 했다. 그렇다면 일을 시키는 사람이 그 누구보다 일이 잘되기를 바랄 텐데 왜 그런 행동을 하는 것일까?

 이것은 일을 시키는 사람이 그 업무에 대해 정확히 잘 모르기 때문이다. 만약 누군가에게 일을 시킬 때 업무의 난이도와 일을 해야 하는 사람의 숙련도를 정확히 알고 있다면 언제 그 업무가 끝날지 예상할 수 있다. 그럴 경우 그 업무가 종료될 때까지 믿고 기다려 줄 수 있는 여유가 있다. 혹시 힘들어하는 부분이 있는지를 확인하기 위해 중간에 한 번 정도 체크만 하면 된다.

 그런데 일의 난이도와 일을 해야 하는 사람의 숙련도를 모르면 예상 종료 시간을 제대로 알 수 없다. 그렇기 때문에 스스로 여유가 없다. 언제 끝날지 알 수가 없고 막연히 일을 하는 사람이 완벽하게 일찍 끝내주기를 바랄 뿐이다. 일을 잘 모르고 시켰으니 문득 떠오르는 생각들이 생길 때마다 일을 하고 있는 사람에게 업무의 완성도를 위한 것이라며 추가로 요구할 것이고, 그 과정에서 스스로 분명히 그러한 아이디어를 추가로 제시한 것에 만족을 느낄 것이다. 또한, 그런 고민을 하지 않고 열정 없이 일을 하고 있다며 핀잔을 줄 것이다. 그러나 실제 업무를 하는 사람 입장에서는 계속되는 업무 지시와 변경 등이 너무 복잡하고 혼란스러울 뿐이다. 결국 일의 완성도와 끝나는 시기를 제대로 맞추기 힘들다. 이 경우 일을 시킨 사람과 하는 사람 모두 상대방을 원망하게 된다.

그렇다면 어떻게 해야 할까? 병법서 중 하나인《삼략(三略)》중군참에서는 '장수는 일단 내린 명을 취소하거나 변경하는 일이 없어야 한다'고 했다. 물론, 무조건 명령을 취소하거나 변경하는 것이 나쁜 것은 아니다. 상황이 변하면 명령은 바뀔 수 있다. 그러나 그 범위가 기존에 고민했던 범위 안에 있어야 일을 시킨 사람과 하는 사람 모두 당황해하지 않고 일을 추진할 수 있다.

누구나 주어진 일을 다 잘하고 싶어 한다. 그러나《이기는 습관》에서 '잘하자. 노력하자와 같은 선언만으로는 안 된다. 반드시 무엇을 어떻게 해서, 어떤 결과를 얻는다는 구체적인 목적과 방향이 나와야 한다. 일일 목표나 지침, 전략 방향도 모두 행동과 측정이 가능한 형태로 구성해야 한다'고 한 것처럼 잘하고 싶은 만큼 어떻게 할 것인가를 구체화한 뒤 실천하지 않으면 막연함과 불안감이 계속되기 때문에 일의 방향이 계속 바뀔 수밖에 없다.

《탈무드》에서 '길에서 넘어지면 먼저 돌을 탓한다. 만약 돌이 없으면 언덕을, 언덕이 없으면 자기 구두를 탓한다'고 했다. 일이 잘

되지 않을 때 자신이 고민을 덜 했고 구체적인 목표를 세우지 않았기 때문인데 자신의 잘못을 인정하지 않고 주변의 누군가에게 그 잘못을 덮어씌우는 데 익숙해서는 안 된다. 구체적인 목표와 방향을 세우고 다양한 상황을 고려하고 일을 추진한다면 당황해하거나 다른 사람의 탓으로 돌리지 않고 소신을 갖고 용기 있게 나아갈 수 있을 것이다.

❖

예기치 못한 일에 당황하지 않을 정도로
용감한 사람은 아무도 없다.

- 율리우스 카이사르

산을 옮기려면
돌멩이부터 옮겨야 한다

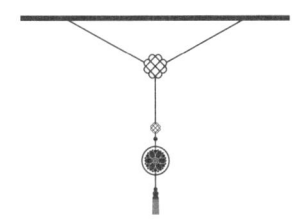

　보드게임을 즐겨 하지 않는 사람이라도 '젠가(jenga)' 게임은 한 번씩 해봤을 것이다. 직육면체 나무 블록을 쌓아 놓고 게임에 참여한 사람들이 차례대로 돌아가며 블록 하나를 빼내어 맨 위층에 쌓는 게임으로 블록을 제대로 빼내지 못하거나 탑을 무너뜨린 사람이 패배하게 된다. 이 게임을 할 때 가장 중요한 것은 '차근차근', 즉 '스텝 바이 스텝'이다. 나무 블록을 하나 뺄 때마다 언제 무너질지 모르는 두려움이 있지만 긴장하기보다 차분하게 맨 위층에 쌓아나가는 사람이 결국 게임의 승자가 된다.

　처음 나무 블록을 뺄 때부터 마지막 누군가에 의해 탑이 무너지는 순간이 오는 것처럼 세상 모든 일들 역시 처음이 있으면 반드시 그에 따른 결과가 있다. 하는 일에 따라 다르겠지만 처음 시작할 때는 설렐 수도 있고 마지막에 어떤 결과가 나올지 몰라 불확실하기 때문에 막연하고 답답할 수도 있다. 그러나 '산을 옮기기 위해서는 돌멩이부터 옮겨야 한다'는 중국 속담처럼 결과를 내기 위해서는 반드시 처음이 있어야 하며, 그 시작은 어려운 것부터 시작해서 바로 포기하기보다 쉽고 흥미를 느끼는 것부터 차근차근 시작해야 오랫동안 지속할 수 있다.

圖難於其易也, 爲大於其細也
千丈之堤, 以螻蟻之穴潰 百尺之室, 以突隙之煙焚

'어려운 것을 해결하고자 하면 쉬운 것부터 해결할 수 있어야 하고, 큰일을 해내고자 한다면 작은 일부터 할 수 있어야 한다'라는 말이 있다. 천 길(약 1.8km)이나 되는 둑도 곤충들이 드나드는 구멍 때문에 무너진다. 백 척(약 3km)이나 되는 집도 조그마한 화재로 모두 타버릴 수 있다.

— 21편 유로(喩老)

《한비자》에서도 어렵거나 큰일을 도모하기 위해서는 쉽고 작은 일부터 시작해야 한다고 강조했다. 이 의미는 쉽고 작은 것이라고

해서 이를 가볍게 생각하라는 의미가 아니다. 가장 기본적인 것부터 하나하나 해나가야 점차 어렵고 힘든 일도 해나갈 수 있다는 의미다. 마음만 앞서서 처음부터 어렵고 중요한 일을 하려고 하면 부작용이 있을 수밖에 없다.

수영을 처음 배울 때 아무리 접영이 멋있어 보인다고 인터넷 지식인을 찾아보거나 유튜브로 '접영하는 법'을 몇 번 본다 하더라도 바로 접영을 할 수는 없다. 무리하게 접영을 하려고 하면 물속에서 마음처럼 몸이 나아가지 않음을 느끼게 될 것이고 힘이 잔뜩 들어가게 되어 결국 얼마 못 가서 가라앉고 말 것이다. 수영의 첫 단추는 발장구를 치는 것과 물속에서 숨 쉬는 법이다. 너무나도 쉽고 가벼운 과정이지만 이 단계를 거치지 않고 수영하면 또 얼마 못 가 가라앉을 수밖에 없고 수영은 재미없는 스포츠라고 생각하고 그만둘 것이다.

쉬운 과정을 지나 조금씩 난이도가 올라가다 보면 어느덧 진도는 더 이상 나아가지 않는 정체 시기가 오는 것을 대부분 겪어봤을 것이다. 마치 자유형은 어렵지 않게 배웠는데, 접영은 몸이 잘 말을 듣지 않아 제대로 하지 못한다거나, 100m 자유형을 할 때 시간이 단축되지 않고 비슷한 시간대로만 들어오는 경우이다. 이 시기가 되었을 때 나는 결정해야 한다. 지금 수준에서 만족하고 시간에 구애받지 않으며 자유형을 즐기면서 할지, 아니면 접영까지 마스터하고 좀 더 빨리 자유형을 하기 위해 노력할 것인지를 말이다. 만약 현 수준에서 만족한다면 더 이상 무리하지 않고 멈추어도 좋다. 개개인이 원하는 바가 다양한 만큼 무리하게 진행하지 않는 것도 좋은 방안 중 하나이다. 무조건 높은 수준이 꼭 옳은 것은 아니다. 저마다의 만족도가 다르기 때문이다. 즉, 자유형으로만 수영해도 되고 100m 기록도 지금 정도에 만족한다면 그뿐인 것이다.

그런데 자유형뿐 아니라 배영, 평영 그리고 접영도 하고 싶고, 지금 나오는 기록보다 단축하고 싶다면 그 수준까지 도달하기 위해 더 노력해야 한다. 다만, 그 노력을 할 때 어렵고 복잡하게 접근하기보다 처음에 우리가 각 단계를 시작할 때 작고 쉬운 것부터 했던 것처럼 각 수영 종류에 따라 기본적인 자세를 반복 숙달하는 것이 가장 중요하다. 기록 역시 더 단축시키려고 할 때 팔과 다리의 스피드를 올리는 방법 등 다양한 방식을 고민하며 나 자신을 믿고 하나씩 적용해보려는 의지가 필요하다.

각 단계를 향상하기 위해 그 순간마다 부딪히는 마찰 요소를 회피해서는 안 된다. 오히려 그 마찰 요소에 쉽게 접근할 수 있는 방안을 고민하고 적용해야 한다. 그때 마찰 요소는 장애물이 아닌 디딤돌이 될 수 있다. 불가능하지 않다. 분명 내 앞의 수많은 이들이 거쳐 갔고 해냈던 것들이다. 나도 할 수 있다고 생각하고 접근하면 가능하다. 마치 젠가를 할 때 나무 블록을 조심스레 빼서 꼭대기에 올려놓듯 차근차근 해나가면 된다. 그러다 보면 어느덧 접영까지 마스터할 수 있을 것이다. 자신이 하는 모든 일들에 대해 이와 같이 접근해 나간다면 분명 인생의 승리자가 될 수 있을 것이다.

난관을 대비하여 사태가 쉬워 보일 때까지 계획을 세워라.

문제가 아직까지 사소할 때 큰 문제를 대비하라.

힘든 사건은 항상 쉽게 시작하고,

큰 사건은 작은 사건으로 시작하기 마련이다.

- 로버트 그린《전쟁의 기술》중에서

맛 좋은 술은 반드시 숙성의 시간이 필요하다

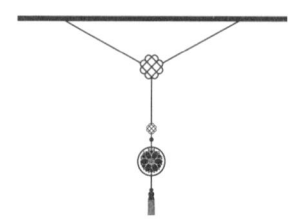

2023년 부산에서 열린 국내 최대 규모의 아트페어(예술 작품 판매를 목적으로 한 미술 시장)인 '아트부산 2023'에서 영국 출신 작가의 작품과 함께 특이하게 위스키가 한 세트로 판매되었는데 책정 금액이 1억 2,000만 원이었다. 무척 비싼 금액임에도 불구하고 현장에서 한 관람객에게 바로 팔렸다. 예술 작품과 함께 판매한 것도 영향을 주었지만 해당 위스키가 53년 이상 되었고 전 세계적으로 스물한 병만 생산된 것 중 국내에 유일하게 들어온 한 병이었기 때문에 많은 이들의 관심을 받았다. 2019년 영국의 한 경매장에서는 1926년산 위스키가 약 23억 5,000만 원에 낙찰되기도 했다.

말도 안 되는 비싼 가격에 그 술을 구매한 사람들을 이해하기는 쉽지 않다. 그러나 그들은 단순히 술로 본 것이 아니라 재테크의

한 수단으로 보았을 것이다. 오랫동안 숙성시킨 그 술에 담긴 시간의 가치, 정성 그리고 희소성 등을 고려했을 때 몇 년 지난 뒤 다시 경매에 내놓는다 해도 지금보다 더 비싸게 구매할 고객을 만날 수 있을 거라는 확신이 들었을 것이다.

그러나 무조건 다 오랫동안 변하지 않는다고 좋은 것은 아니다. 빠르면 빠를수록 좋은 것도 있다. 바로 눈치다. 굳이 말하지 않아도 흘러가는 분위기를 재빠르게 파악하고 그에 맞게 행동하는 것이 의외로 중요하다. 때로는 재치 있는 행동으로 인해 상급자에게 인정을 받기도 한다. 반대로 눈치도 없고, 조금은 행동이 느린 사람도 있다. 만약 상급자가 성격이 급하다면 이러한 사람들의 행동에 답답해하며 분명 주어진 시간 안에 업무를 마친다 하더라도 조금 더 빨리 했으면 좋겠다는 핀잔 아닌 핀잔을 받는 경우도 있다. 《한비자》는 이러한 것에 대해 어떻게 바라보고 있을까?

楚莊王蒞政三年, 無令發, 無政為也
右司馬御座而與王隱曰 有鳥止南方之阜,
三年不翅, 不飛不鳴, 嘿然無聲, 此為何名?
王曰 三年不翅, 將以長羽翼 不飛不鳴, 將以觀民則
雖無飛, 飛必沖天 雖無鳴, 鳴必驚人 子釋之, 不穀知之矣 處半年, 乃自聽政

所廢者十, 所起者九, 誅大臣五, 擧處士六, 而邦大治
擧兵誅齊, 敗之徐州, 勝晉於河雍, 合諸侯於宋, 遂霸天下

초나라 장왕은 왕이 된 후 3년 동안 어떠한 일도 하지 않고 지냈다. 어느 날 신하 우사마는 장왕에게 "3년 동안 날갯짓 한 번 하지 않고 울지 않는 새가 있는데 그 이름을 무엇이라고 하면 좋겠습니까?"라고 물었다. 장왕은 "3년 동안 날갯짓을 하지 않는다고 하지 못하는 것이 아니라 다음번에 크게 날고자 함이오. 울지 않는 것 역시 한번 울게 되면 사람들이 놀랄 것이오"라고 답변한 뒤 왕으로서 해야 할 일들을 하며 나라를 잘 다스렸다.

- 21편 유로(喩老)

한 신하가 임금이 3년 동안 아무것도 하지 않고 지내는 것에 답답해하며 왜 그런지 우회적으로 질문한 것에 대해 왕이 답변하는 내용을 통해 《한비자》는 분명히 알려준다. 지금 당장은 성과가 나타나지 않으니 느린 것 같아도 그 기간은 의미 있는 성과를 내기 위해 정말 필요하고 중요한 준비 기간인 것이다. 이런 과정을 거친 뒤 인정받고 성공하는 사람을 우리는 '대기만성형' 인간이라고 한다. 즉, 큰 그릇을 만드는 데는 시간이 오래 걸린다는 뜻으로 크게 될 사람은 늦게 이루어진다는 의미다. 그러므로 조금 답답해

보인다고 눈치 없고 실력이 부족한 사람으로 치부하는 것은 경솔한 행동임을 잊지 말아야 한다.

물론 '누구나 시간만 주어진다면 다 잘할 수 있는 것 아닌가?'라고 생각하는 분들도 있을 수 있다. 그러나 학교 다닐 때를 생각해 보면 중간고사 시험 일자를 똑같이 알고 있어도 성적은 똑같지 않은 것처럼 결국 정해진 시간 동안 내가 그 업무를 얼마나 완전히 꼭꼭 씹어서 내 것으로 소화시켰는가로 '대기만성형 인간'이 되는가 그렇지 못하는가가 결정 나는 것이다.

그렇다면 내 것으로 소화시킨다는 것은 어떤 의미인가? 다시 학창시절로 돌아가보자. 공부를 열심히 한다고 해도 그만큼 성적이 오르지 않는 경우가 많다. 무작정 암기하는 방법도 있지만 문제가 조금 비틀어서 출제되면 이에 대한 대처가 되지 않는다. 분명히 한계가 있다. 이를 극복하기 위해서는 기본적인 내용을 제대로 이해해야 한다. 그래야 응용력이 생길 수 있다. 그 기간이 조금은 지루해 보이고 인고의 시간일 수 있어도 반드시 필요한 시간이다. 이 기간 동안 내공을 쌓고 오래된 양주나 와인처럼 숙성되는 것이다.

또 한 가지 유의해야 할 것이 있다. 누군가와 경쟁을 할 때 상대방은 이미 실력을 갖추고 있지만 내가 눈치를 채지 못하고 그를 얕잡아 볼 수도 있다. 행동이 빠른 것 같지도 않고 눈치도 별로 없는 것 같아 경쟁자라고 생각해본 적이 없다면 어느 순간 내게 큰 위협으로 다가올 수 있다. 상대방은 겉으로 드러내놓고 실력을 표현하지 않았을 뿐 결정적 행동을 하기 전에 나의 약점을 찾기 위해 적절한 타이밍을 기다리고 있었을 뿐이다. 나의 약점이 스며 나와 상대방에게 노출되면 오랫동안 숙성된 상대방에게 속절없이 당하고 말 것이다. 물론, 내가 그 상대방이 되어 그렇게 행동하면 그만큼 유리한 고지를 선점할 수 있음을 잊지 말자.

더 길게 되돌아볼수록 더 멀리까지 내다볼 수 있다.

- 윈스턴 처칠

살을 내어주고 뼈를 취한다는 각오가 있어야 한다

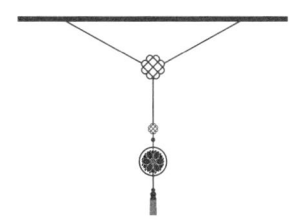

육참골단(肉斬骨斷)이라는 고사성어가 있다. 원래 의미는 '살을 베고 뼈를 깎을 만큼의 강인한 정신력'이었으나, 현대에 와서는 '소중한 것을 버리고 더 소중한 것을 얻는다'는 의미로 통용되고 있다. 즉, 강적을 만나 승리하기 위해서는 나 역시 치명적인 피해는 아니더라도 어느 정도의 피해는 감수하려는 의지가 필요함을 강조한 것이다.

《한비자》에서는 중국 주나라 때 활약했던 명의 '편작'을 예로 들었다. 큰 병을 치료하기 위해서는 칼이 뼈까지 찔러야 한다고 하며 무엇을 얻고자 할 때는 그만큼의 손해를 견뎌내야 한다고 했다.

聞古扁鵲之治其病也, 以刀刺骨 聖人之救危國也, 以忠拂耳
刺骨, 故小痛在體而長利在身 拂耳, 故小逆在心而久福在國
故甚病之人利在忍痛, 猛毅之君以福拂耳

유명한 의사였던 편작(扁鵲)이 병을 치료할 때 칼로 뼛속까지 깊숙이 찌르기도 했으며, 나라를 통치하는 왕은 주변의 각종 거슬리는 소리를 기꺼이 감수해야 한다. 칼을 뼛속까지 찌르면 상당한 고통이 따르지만 그만큼 문제가 되는 나쁜 부분을 제거하기 때문에 더 건강하게 지낼 수 있으며, 주변의 각종 비판을 듣고 그 내용 중 나라를 운영하는 데 활용한다면 그만큼 나라는 더 부강해질 것이다. 따라서 큰 병을 앓고 있는 사람은 고통을 참아야 나을 수 있고, 나라를 부강하고자 하는 왕은 주변의 다양한 소리에 귀를 기울여야 한다.

- 25편 안위(安危)

핵심은 결국 '내가 최종적으로 무엇을 얻고 싶어 하는가?'를 명확하게 아는 것이다. 내가 원하는 것들을 모두 얻을 수 없기 때문이다. 결국 나는 여러 가지 선택지 중에서 한두 가지만 선택할 수 있다. '무엇을 얻고자 하는가?'의 의미는 결국 다른 의미로 '무엇을 포기할 것인가?'와 같은 말이다.

　획기적인 어떤 성과를 내고자 한다면 지금 하고 있는 것들을 되돌아보고 과감하게 포기할 것은 포기해야 한다. 피터 드러커 역시 《미래를 읽는 힘》에서 모든 혁신은 조직적이고 체계적인 폐기부터 시작한다고 했다. 지금까지 해온 것, 지금 하고 있는 것을 철저히 재검토해서 버릴 수 있어야 한다. 다른 지름길은 없다. 어제까지 내게 소중하다고 생각해서 바꾸려고 시도조차 하지 않았던 것 중에 버릴 것들이 있다. 비생산적인 것, 진부해진 것, 노후화된 것들이 있다면 용기를 갖고 제거해야 한다. 덜어내야 채울 수 있다는 당연하지만 중요한 진리를 따라야 한다.

　그러나 지금 내가 가지고 있는 것 중에 무엇을 포기해야 할지 자신 있게 선택할 수 있는 사람이 얼마나 있을까? 지금까지 가지고 있던 것은 그만큼 내게 소중했기에 의미가 있었는데 과감히 버렸을 때 지금 내가 얻고자 하는 것이 버린 것 이상의 가치가 있다고 확신할 수 있을까? 이런 질문에 당당하게 그렇다고 손을 들고 답을 할 수 있는 사람은 거의 없을 것이다. 결국 결과론적인 이야기이기 때문이다.

　따라서 내가 무엇을 선택하고 또 다른 무언가를 포기해야 할 때는 최종적으로 얻고자 하는 것과 그것의 본질을 알려고 노력해야 한다. 그 본질은 순간적인 나의 감정에 따라 가치가 달라지는 것이어서는 안 된다. 나와 내 조직에 긍정적 영향을 미칠 수 있는 결과물인가를 고민해야 그 본질에 접근할 수 있다. 내 개인적인 일이라면 지금 당장의 달콤함보다는 미래의 내가 성장하는 데 가치 있는 일을 선택해야 하고, 내가 속한 단체 또는 조직과 관련된 것이라면 나의 이해관계가 아닌 전체에 이익에 부합하는가를 냉정하게 바라봐야 한다. 그래야 리스크를 최소화할 수 있고 후회하지 않을 것이다.

또한, 내가 중요한 결정을 해야 하는 순간에 주변의 도움을 받을 때가 많다. 그 도움이 선명하게 방향을 제시해줄 수도 있지만 때로는 더 복잡하고 어렵게 만들 수도 있다. 앞서 《한비자》도 나라를 평안하게 하려면 귀에 거슬릴 수도 있다고 이야기했고, 아래 문장처럼 노자 역시 《도덕경》에서 누군가가 충고할 때 유의해야 할 부분을 알려주었다. 누가 뭐래도 결국 결정은 내가 하는 것이다.

믿음직스러운 말은 아름답지 않고, 아름다운 말은 믿음직스럽지 않다.
선한 사람은 말을 잘하지 못하고, 말을 잘하는 사람은 선하지 않다.
지혜로운 사람은 박식하지 않고, 박식한 사람은 지혜롭지 않다.

- 노자 《도덕경》 중에서

동료를 믿지 못하고 마음만 급하다고 해결되는 것은 아무것도 없다

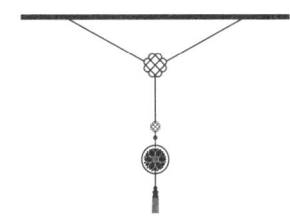

은퇴한 프로야구선수들이 팀을 만들어 고등학교 또는 대학교 야구팀들과 경기를 하는 〈불꽃야구〉라는 프로그램을 좋아하는 이들이 많다. 팬들은 좋아했던 선수들이 은퇴한 뒤에도 다시 야구를 하는 모습을 보는 것만으로도 행복하기 때문이다. 프로그램의 첫 해는 그 팀의 감독이 이승엽 씨였는데 당시 감독임에도 불구하고 대타로 경기에 출전한 적이 있었다. 물론 예능프로그램이라 그럴 수 있지만 실제 프로야구에서는 불가능하다.

실제로 프로야구 해설위원이 두산 야구팀 경기 후 이승엽 감독에게 과거 홈런왕 출신으로서 타자들이 잘 못 칠 때 대신 타자로 나가고 싶은 생각이 들지 않느냐고 질문하기도 했다. 당시 이승엽 감독은 "처음에는 실제로 그런 생각을 할 때도 있었다. 하지만 선수들 역시 경기를 할 때 최선을 다해 임하기 때문에 선수들을 믿는다"고 했다. 그렇다. 감독은 선수들의 타격이 조금은 답답해 보일 수 있어도 믿어야 한다. 그렇지 않고 본인이 나서서 무엇인가를 하려고 잔소리를 심하게 하거나 비판을 하면 할수록 팀 분위기만 저해할 뿐이다. 일이 더 꼬이는 것이다. 《한비자》에서도 이 부분을 언급했다.

齊景公遊少海, 傳騎從中來謁曰 嬰疾甚, 且死, 恐公後之
景公遽起, 傳騎又至
景公曰 趣駕煩且之乘, 使騶子韓樞御之
行數百步, 以騶爲不疾, 奪轡代之御 可數百步, 以馬爲不進, 盡釋車而走
以且煩之良而騶子韓樞之巧, 而以爲不如下走也

제나라 26대 왕 경공이 소해에서 유랑을 하고 있을 때, 임치(수도)에서 한 신하가 와서 "안영(제나라 재상이자 경공의 스승)의 병이 깊어져 곧 죽으려고 합니다. 바로 돌아가셔야 할 것 같습니다"라고 말했다. 경공은 "최고의 마부인 한추가 빠르게 달릴 수 있는 말을 이용해서 갈 수 있도록 하라"고 했다. 경공은 수레를 타고 수백 보를 가는데 마부가 빠르게 몰고 있지 않다고 생각해 고삐를 빼앗아

대신 몰았고, 다시 수백 보 가서는 말이 잘 못 달린다고 생각해 수레에서 내려 달려가기 시작했다. 경공은 가장 훌륭한 마부와 말을 믿지 못하고 본인이 달리는 것이 더 낫다고 생각한 것이다.

- 32편 외저설. 좌상(外儲說. 左上)

제나라의 왕 경공은 나라의 재상이었던 '안영'을 무척 아꼈던 것 같다. 한시라도 빨리 가서 안영의 병세를 고칠 수 있는 모든 방법을 동원하고 싶었을 것이다. 그러나 사람이 아무리 빨리 달린다고 해도 말보다 빨리 달릴 수는 없다.

경공도 알고 있었을 것이다. 다만, 말과 수레의 속도에 답답함을 느꼈다기보다 빨리 도착하지 못하고 있는 스스로에게 답답함을 크게 느꼈을 것이다. 그러다 보니 직접 뛰어가는 것을 택한 것이다. 그렇게라도 해야 본인의 마음이 편해지기 때문이다. 그러나 마음만 편해지지 오히려 원래 도착해야 하는 시간보다 늦게 도착할 뿐이다.

심리학 용어 중 '안락의자 쿼터백 증후군(armchair quarterback syndrome)'이 있다. 집에 있는 의자에 앉아 프로미식축구를 보면서 선수들에게 임무를 지시하는 감독들보다 본인이 더 많이 알고 있다고 확신하는 열혈 시청자들의 심리를 의미한다. 즉, 자신의 확신이 본인이 가지고 있는 능력을 초과할 때를 말한다.

시청자들도 감독이 자신보다 더 전문적이고 선수들의 강약점을 잘 파악하고 있다는 것을 알고 있다. 하지만 내가 응원하는 팀이 지고 있고 경기를 답답하게 하고 있다고 느낄 때면 감독을 비난하며 차라리 본인이 감독을 하는 것이 낫다고 생각을 하곤 한다. 그렇게라도 생각해야 마음이 편해지기 때문이다.

단순히 스포츠를 관람하는 것이 아닌 업무를 할 때 동료들에게 '안락의자 쿼터백 증후군'과 같은 행동을 한다면 단순히 마음이 편해지는 것으로 끝나지 않는다. 팀원들이 프로젝트를 추진할 때 동료 중 한 명이 하고 있는 업무가 답답해 보일 수도 있다. 특히, 과거에 내가 그 업무를 해봤던 경험이 있다면 더 그럴 것이다. 그러나 각자에게 업무가 맡겨졌을 때는 이유가 있는 만큼 믿고 기다릴 수 있어야 한다. 설사 그 업무로 인해 프로젝트 진도가 빠르게 진행이 되지 않고 있다고 느끼더라도 그것은 내 느낌일 뿐이다.

회사 차원에서 개선할 필요가 있다고 생각하면 조치를 취할 것이다. 만약 내가 조금 답답하다고, 내 마음 편하자고(아니면 주목받고 싶어서) 예전에 했던 기억을 떠올리며 그 팀원에게 훈수를 두고 업무에 개입해 헤집어 놓으면 실타래가 엉키듯 더 복잡해지고 어렵게 될 수 있다.

차라리 그럴 때는 답답함을 느끼기보다 크게 숨을 쉬어보자. 우선 내게 주어진 업무는 제대로 했는지를 먼저 따져보고, 이상 없다면 주위를 둘러보자. 지금 동료들 중 하고 있는 업무가 처음이

어서 어려움을 겪는 일이 있다면 직접 개입하기보다 간접적으로 도움을 줄 수 있는 방법을 고민해보자. 동료들이 하는 일 중 발목을 잡고 있는 규정들은 없는지, 있다면 찾아서 건의해주고 타 부서와 협조할 때 제한사항은 없는지, 나와 친분이 있는 직원은 없는지를 살펴보는 것이 팀의 분위기를 저해하지 않고 업무의 완성도를 높일 수 있는 길이다.

모든 것을 스스로 깨우치는 이는
더할 나위 없이 훌륭한 사람이고,
남의 옳은 말에 귀를 기울일 줄 아는 이도 훌륭한 사람이지만,
스스로 깨우치지도 못하고,
남의 지혜에 귀를 기울이지도 못하는 이는
아무 쓸모없는 사람이다.

- 헤시오도스

타인과의 협상에서 원하는 바를 얻으려면 의도를 숨겨야 한다

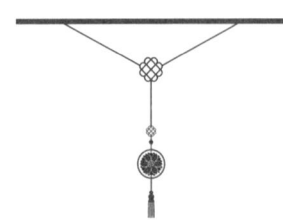

"싸늘하다. 가슴에 비수가 날아와 꽂힌다. 하지만 걱정하지 마라. 손은 눈보다 빠르다."

허영만 화백의 만화를 원작으로, 2006년에 개봉한 영화 〈타짜〉 속 대사다. 도박판에서 현란한 손기술로 상대가 뻔히 보고 있는데도 화투패를 바꿔치기해서 상대방을 이기는 장면과 함께 영화를 본 이들은 많이 기억할 것이다.

그런데 정말 손이 눈보다 빠를 수 있을까? 사실 눈의 안구를 움직이는 데 0.2초도 걸리지 않기 때문에 손이 눈보다 빠를 수 없다. 그럼에도 불구하고 우리가 그렇게 믿는 이유는 무엇일까? 우리가 실제로 눈앞에서 보고 있지만 상대방의 빠른 손 움직임을 제대로 보지 못하고 그대로 믿는 경우가 많기 때문이다. 즉, 내가 있는 그대로 볼 수 있는 실력이 없을 뿐이다. 만약, 내가 실력자들 앞에서 어설프게 속임수를 쓰려고 행동하는 순간 걸리고 말 것이다.

《한비자》에서는 새를 잡기 위해서는 새가 눈치채지 못하게 하는 것이 가장 중요하다고 하면서, 본인이 무엇을 이루고자 할 때는 그 의도를 겉으로 드러내지 말 것을 강조했다.

─────── ◆ ───────

田子方問唐易鞠曰 弋者何慎?

對曰 鳥以數百目視子, 子以二目御之, 子謹周子禀

田子方曰 善

子加之弋, 我加之國

鄭長者聞之曰 田子方知欲為禀, 而未得所以為禀

夫虛無無見者, 禀見

전자방이 당이국에게 물었다. "화살로 새를 잡으려고 할 때 어떤 것이 가장 중요한가?" 당이국이 대답했다. "새는 수백 개의 눈으로 당신을 바라보고 있지만, 당신의 눈은 두 개뿐입니다. 그러기 때문에 새에게 들키지 않도록 몸을 잘 숨겨야 합니다." 전자방이 말했다. "그 말이 맞다. 그대가 새를 잡는 데 사용하는 방법을 나는 나라를 통치하는 데 사용하겠다." 정나라의 한 관료가 이 말을 듣고 말했다. "전자방은 보이지 않도록 몸을 숨겨야 한다는 것은 알았지만 어떻게 해야 하는지 방법은 몰랐던 것이다. 몸을 가장 잘 숨기는 방법은 나를 바라보고 있는 사람에게 나의 의도를 들키지 않고 행동하는 것이다."

- 34편 외저설. 우상(外儲說. 右上)

◆

어렸을 때 새까지는 아니더라도 잠자리는 한 번씩 잡아보았을 것이다. 잠자리채로 잡는 경우도 있지만 산이나 야외에 놀러 갔을 때 나뭇가지나 풀에 앉아있는 잠자리를 손으로 잡는 경우가 더 많았다. 잠자리 앞으로 다가가면 눈치가 얼마나 빠른지 금세 다른 곳으로 날아가버린다. 그래서 뒤에서 조심히 다가가 엄지와 검지를 이용해서 머뭇거리지 말고 한 번에 잠자리의 날개를 잡아야 한다.

새와 잠자리 입장에서는 안된 일이지만 결국 사람은 조용히 눈치채지 못하게 다가가서 행동하는 것이 필수다. 어려운 말로 내가 잡으려는 의도를 끝까지 숨겨야 한다. 이는 조류와 곤충을 잡는 것에만 국한되지 않는다. 어떻게 보면 세상을 살아갈 때 가장 명심해야 하는 것 중 하나다. 최고의 병법서 중 하나인 《육도》에서는 '전쟁터에서 적과 목숨을 걸고 싸울 때 가장 중요한 것은 움직임을 은밀히 하여 드러내지 않는 데 있다'고 했다. 작전을 계획할 때 가장 중요한 것은 적이 예상치 못한 시기에 허점을 치는 데 있다.

또한, 계책을 낼 때 가장 중요한 것은 나의 비밀이 적에게 간파당하지 않는 것이다. 즉, 나의 패가 상대방에게 읽히면 안 된다.

  전쟁터뿐 아니라 내가 누군가와 원하는 것을 두고 협상을 할 때도 마찬가지다.《하버드 협상 강의》에서는 '원하는 것을 나에게서 가져가기를 원하는 상대방은 사람 좋은 미소를 지으며 나를 회유할 것'이라고 했다. 상대방은 분명 서로 시간 낭비하지 말고 원하는 가격을 솔직하게 말해야 거래가 된다고 이야기할 것이다. 내가 머뭇거리며 주저한다면 미래를 바라보고 장사해야지, 눈앞의 이익에만 집중하는 바보 같은 짓은 하지 말자고 할 것이다. 만약 그의 말에 홀라당 넘어가서 솔직 담백한 태도로 가진 패를 전부 보여줘서는 안 된다. 그는 좀 더 싼 가격에 자신이 원하는 것을 얻기 위해 내게 접근한 것뿐이고 나는 당한 것이다.

  그러나 내 의도를 숨기고 원하는 것을 얻는 것은 〈타짜〉 영화 대사처럼 손이 눈보다 빠르게 하기 위해 노력하는 것만큼이나 어렵고 힘들다. 나뿐 아니라 상대방 역시 자신의 의도를 숨기고 내게 접근하기 때문이다. 넋 놓고 있으면 내가 빤히 보고 있는 가운데 상대방의 의도대로 끌려가고 말 것이다. 조급하게 생각해서 내 의도를 쉽게 드러내기보다 때를 기다리는 것이 더 현명하다. 다만 기다릴 때 그냥 있는 것보다 손이 눈보다 빠를 수 있도록 부단히 노력해야 한다. 결국 속고 속이는 것은 상대평가임을 잊지 말자. 내가 경쟁자보다 얼마나 내 의도를 더 숨기고 행동해서 상대방을 안심시켰는가에 따라 결국 승부가 결정 나기 때문이다.

❖

장수가 용병하면서 함부로 떠벌리지 않고

때가 오기를 기다리는 것은 신(神)으로,

아무도 그의 행보를 예측할 길이 없습니다.

구체적으로 드러나지 않은 상황에서 승기를 내다볼 수 있는 것은

명(明)으로 아무도 그 혜안을 따를 수 없습니다.

신명(神明)한 용병으로 전장에서 대적할 적도 없고

이에 맞서 나라를 세울 수도 없습니다.

- 《육도(六韜)》 26장 '군세'

유연한 자기혁신과 적응이
생존의 지름길이다

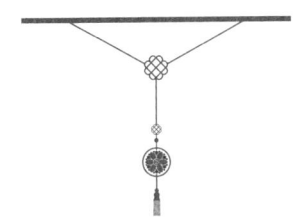

'수주대토(守株待兎)'라는 유명한 사자성어가 있다. 이는 《한비자》의 〈오두편〉에 나오는 이야기다.

송나라에 한 농부가 있었다. 그의 밭에 그루터기가 있었는데, 하루는 토끼 한 마리가 달려가다 그 그루터기에 부딪혀 목이 부러져 죽었다. 이를 본 농부는 밭을 갈던 쟁기를 집어던지고 그루터기를 지키기 시작했다. 또다시 다른 토끼가 달려와 죽기를 기다린 것이다. 그러나 토끼는 다시 나타나지 않았고, 그 농부는 사람들의 웃음거리가 되었다.

《한비자》는 다음과 같이 말한다.

---◆---

故聖人議多少 論薄厚爲之政, 故罰薄不爲慈
誅嚴不爲戾, 稱俗而行也, 故事因於世, 而備適於事

성인은 정치를 할 때 하나의 관점뿐 아니라 여러 가지를 고려한다. 그렇기 때문에 인정이 많다고 받아야 할 벌을 가볍게 주지 않고, 잔혹하다고 해서 벌을 엄중하게 시행하는 것이 아니며, 그 시대 사회 풍속을 고려해서 시행한다. 그러므로 어떠한 일을 바라보는 관점이 사회에 따라 다르고, 그것을 해결하는 방책도 다를 수 있다.

49편 오두(五蠹)

---◆---

인간의 본성은 편안함과 안락함, 익숙함을 선호한다. 그래서 자신이 익숙하지 않거나 끊임없이 변화하는 것을 좋아하는 사람은 많지 않다. 그러다 보니 조직에서는 위로 올라갈수록 변혁과 모험을 좋아하지 않고 있는 것을 그대로 지키고 싶어 하는 관리자들이 많다. 그것이 자신의 자리를 오래 지킬 수 있는 한 방편이기 때문이다. 그렇게 되면 조직은 경직되고 발전할 수 없으며 결국 도태되기 쉽다. 아무리 잘나가는 기업들도 백년 기업을 찾아보기 어려운 이유 중의 하나다.

조직에서 송나라의 농부 같은 사람들을 흔히 볼 수 있다. 자신의 노력과 상관없이 우연히 주어진 행운을 능력이라고 믿고 기존에 했던 힘들고 어려운 임무보다 더 편하고 쉬운 일을 선택한 뒤 좋은 결과를 기대한다. 본인은 스스로 그것을 더 좋은 방향으로 변화하는 것이라고 생각할 수 있다. 그러나 그것은 변화가 아닌 요행을 바라는 것이다. 그렇다면 혹시 나는 송나라의 농부는 아닐까?

우리는 2010년 이후 스마트폰이 대중화되기 시작하면서 손안에서 세상에 대한 많은 정보를 쉽고 빠르게 접할 수 있게 되었다. 친구들과의 SNS뿐 아니라 영화나 뉴스를 보거나 게임을 하는 등 다양한 것들도 할 수 있다. 그러나 접하는 정보가 많아진다고 해서 내가 이 시대 흐름에 적응하고 발전하고 있는가는 다른 문제다. 내가 많은 정보들을 매일 접한다 하더라도 그것이 삶을 살아가는 데 유의미한 영향을 미치지 않는다면 나는 단순한 소비자일 뿐이다.

쉽고 편하게 얻는 것은 그만큼 쉽게 잊혀질 수밖에 없다. 내가 계획한 일을 할 때 정보의 홍수인 스마트폰의 수많은 내용들을 어떻게 활용할 것인지, 그리고 기회가 된다면 스마트폰의 소비자가 아닌 생산자로서 할 수 있는 일은 없는지 고민해보자. 지금 당장 무엇을 이루지 못한다 해도 상관없다. 중요한 것은 마음 자세이다. 빠르게 변화하는 지금 이 세상에서 주도적으로 살아가기 위해서는 당장 성과를 내는 데 급급하기보다는 이 흐름에 유연하게 대응하려는 자세가 더 필요하다.

유연한 자세를 갖춘 뒤에는 내가 무엇을 주도적으로 할 수 있고, 어떻게 해야 하는가에 대한 계획을 세워야 한다. 한 가지 계획을 세울 경우 상황이 변하면 대응하지 못하고 좌절할 수 있다. 목표는 같되 가는 방향을 여러 가지 고민해서 계획을 세운다면 다양한 상황에 대처할 수 있을 것이다.

이러한 유연한 자세를 갖고 계획을 세우지 않는다면 우리는 지금까지 했던 일을 단순 반복하는 데 머무르게 되거나, 송나라의 농부처럼 요행을 바라며 하루하루를 지내게 될 수밖에 없을 것이다.

변화를 거부하는 사람은 이미 죽은 사람이다.

장례식을 했느냐 안 했느냐는 사소한 문제다.

안정성이라는 것은 시냇물에 떠내려가는 죽은 물고기와 같다.

이 나라에서 우리가 아는 유일한 안정성은 변화뿐이다.

만약 목표를 성취하는 데 방해가 된다면

모든 시스템을 뜯어고치고, 모든 방법을 폐기하고

모든 이론을 던져버려라.

- 헨리 포드

전문가일수록 일을 할 때
기본에 충실한다

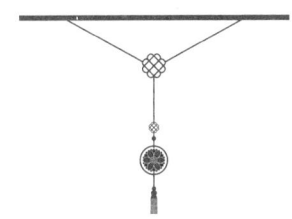

"초밥 한 점에 밥알이 몇 개나 들어있나?"

삼성그룹의 초대 회장이었던 고(故) 이병철 회장이 신라호텔 조리부장에게 했던 질문이다. 이병철 회장의 지원으로 일본에 수차례 다녀와 우리나라 최고의 일본 음식 전문가로 자부심이 강했던 조리부장은 식은땀을 흘리며 답변을 못했고, 그 자리에서 초밥 한 점을 풀어 밥알을 헤아렸다. "초밥 한 점에 밥알이 320개 들어있습니다"라고 답하자, 이병철 회장은 "점심때는 식사용으로 초밥을 먹으니까 한 점에 320알이 맞고, 저녁에는 술을 곁들여 안주로 많이 먹으니까 280알이 적당하다. 배움의 길에는 끝이 없다. 이 말을 명심하라"라며 현재에 안주하지 말고 더 열심히 노력하라고 말했다고 한다.

〈생활의 달인〉이라는 TV 프로그램에서 유명한 일식 요리사가 만든 초밥을 저울에 올려 매번 비슷한 무게(g)가 나오는 것을 본 적은 있었지만, 밥알 개수까지 맞춘다는 것은 정말 어려운 일이다. 독자 중에는 '초밥에 무슨 밥알 개수까지 세어보라고 하나?' 싶어 너무하다고 생각할 수도 있다. 그러나 이병철 회장은 그 조리부장을 괴롭히려는 목적이 아니었다. 맛 좋은 초밥을 먹고 싶으면 일본 요리사를 고용하면 그만이기 때문이다. 아마 조리부장이 우리나라 최고의 일식 전문가뿐 아니라 일본 유명 요리사들에게 뒤지지 않는 실력을 갖추고 우리나라 손님들에게 그 맛을 전해주기를 진심으로 바라는 마음으로 한 격려였을 것이다.

우리가 전문가라고 부르는 사람들은 요리든 예술작품이든 지금까지 해왔던 내공이 있는 만큼 어떻게 하더라도 주변 사람들이 보기에 일정 수준 이상의 만족스러운 결과를 낼 수 있다. 그러나 만족스러운 것이 아닌 최고의 결과를 내려면 다른 전문가들도 쉽게 할 수 없는 높은 기준을 스스로 설정한 뒤 기본적인 것에 충실할 뿐 아니라 최고의 결과를 성취하기 위해 끊임없이 노력해야 한다. 그 과정이 여러 번 반복되다 보면 어느덧 '명장(名匠)'이 되는 것이다. 《한비자》에서도 전문가로서 일을 할 때 단순한 경험에 의존하기보다 가지고 있는 모든 것들을 활용해서 최선을 다해야 함을 강조했다.

巧匠目意中繩, 然必先以規矩為度
上智捷舉中事, 必以先王之法為比

능력 있는 목수는 지금까지의 많은 경험으로 대략 맞춰도 먹줄을 사용한 것과 비슷할 수 있지만 항상 자와 컴퍼스 등을 이용한다. 이처럼 뛰어난 지혜를 갖춘 자는 자신이 생각한 대로 신속하게 일을 처리해도 원하는 바를 이룰 수 있지만 반드시 과거 수많은 사람들의 지혜가 담긴 법도를 기준으로 한다.

- 6편 유도(有度)

경험이 풍부한 목수들은 나무를 자를 때 수없이 잘랐던 경험을 바탕으로 똑바로 자를 수 있다. 그러나 정확한 기준점을 선정할 수 있는 도구를 활용한다면 더 반듯하게 자를 수 있다. 그것과 마찬가지로 실력이 뛰어난 사람은 스스로 판단하고 업무를 수행해도 좋은 결과가 나오지만 업무에 대한 지침을 준 상급자의 의도가 무엇인지 한번 더 고민하고 추진한다면 최고의 결과를 도출할 수 있음을 《한비자》에서는 언급한 것이다.

누구나 '최고의 전문가'가 되기를 희망한다. 그러나 솔직히 삶을 살아가면서 '최고의 전문가' 이전 단계인 '전문가'의 명성을 얻는 것도 어렵다. 지금까지 오랫동안 내가 해온 일에 대해 전문가라고 자신 있게 이야기하고 싶어도 전문가는 나만의 생각뿐 아니라 주변의 타인들이 인정해주어야 하기 때문이다.

이러한 고민을 해결하기 위해서는 오랫동안 꾸준히 반복하며 내공을 키우는 것, 즉 '1만 시간의 법칙'이 필요하다. 신경과학자 다니엘 레비턴은 성공한 사람들의 특징을 연구한 결과 하루 3시간 10년씩, 1만 시간을 노력하면 누구나 성공할 수 있다고 했다. 사실 이 법칙은 너무나 많은 사람들이 알고 있다. 그렇지만 그만큼 많은 사람들이 이 법칙대로 노력해서 성공하지는 못했다.

그렇다면 왜 그들은 중간에 포기했을까? 원인은 크게 두 가지다. 첫 번째는 내가 진정으로 그 일을 하고 싶어 하지 않았거나 다른 하나는 어렵고 힘들게 접근했기 때문이다.《한비자》에서 명확한 기준이 필요함을 언급했듯이 하루 3시간씩 10년 동안 하기로 내가 결심했다면 그 일을 시작한 주체인 내가 그 일을 왜 하려고 하는지에 대한 명확한 주관을 가지고 방향을 설정해야 한다.

방향을 설정했다면 쉽고 재미있게 접근해야 한다. 내가 해야 한다는 강한 동기부여가 있어도 하는 일이 지루하고 어려우면 며칠은 마지못해 할지 몰라도 얼마 못 가 그만둘 수밖에 없다. 그런 일을 오랫동안 지속할 수 없기 때문이다. 조바심을 내서는 안 된다. 기본적인 일이라도 반복 숙달하며 조금씩 단계를 높이는 것이 중요하다. 조금 어려워서 지루해질 것 같으면 다시 단계를 낮추고 천천히 나아가면 된다.

    그러다 보면 분명 나와 여러분들은 한 분야의 전문가가 되어 성공할 수 있을 것이다. 그리고 기준을 좀 더 높게 설정하고 꾸준히 노력한다면 언젠가는 '최고의 전문가'가 될 거라 확신한다. 그렇다고 내 주위의 사람들을 무시하거나 얕잡아 보면 안 된다. 그들은 나와 여러분들보다 더 똑똑하고 잘난 사람들이다. 다만, 내가 오랫동안 관심을 두고 시간을 쏟는 일에 그들이 관심이 없었을 뿐이다.

성공이란 당신이 가장 즐기는 일을

당신이 감탄하고 존경하는 사람들 속에서

당신이 가장 원하는 방식으로 행하는 것이다.

- 브라이언 트레이시

자신의 능력과 현 상태를
정확히 알고 있어야 해결책이 보인다

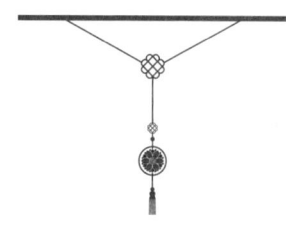

'知彼知己 百戰不殆(지피지기 백전불태)'

《손자병법》의 대표적인 구절 중 하나로, 상대방과 나를 알면 백 번을 싸워도 위태롭지 않다는 의미다. 의외로 '지피지기 백전백승'으로 아는 분들도 많지만, 아쉽게도 《손자병법》 원문 중 그런 구절은 없다. 이 문장에서는 우리가 통상 상대방을 이기기 위해서 오랫동안 그들의 강약점을 찾기 위해 노력하지만, 정작 본인의 강약점을 잘 몰라 위험에 빠지는 경우가 많음을 경고하고 있다. 자칫 상대방과 제대로 겨뤄보기도 전에 경쟁자의 속임수에 쉽게 걸려들어 승부에서 질 수 있기 때문이다.

사실 나 자신을 있는 그대로 냉정하게 바라보는 것은 어렵다. 심리학에서도 자신이 보고 싶은 것만 바라보는 '소망편향

(desirability)'과 자신이 보게 될 것이라고 기대하는 것만 바라보는 '확증편향(confirmation bias)'이라는 용어가 있는 것을 보면 그만큼 사람들은 자신이 생각하고 싶은 대로 믿고 행동할 때가 많은 것 같다.《한비자》에서도 자신을 제대로 바라보는 것이 어렵기 때문에 그 능력을 가지고 있다면 진정한 지혜를 갖추고 있는 것이라고 했다.

臣患智之如目也, 能見百步之外而不能自見其睫…
故知之難, 不在見人, 在自見
故曰 自見之謂明

장자는 "왕이 백 보 밖을 볼 수 있는 눈과 같은 큰 지혜를 가지고 있다 하더라도 스스로 자신의 눈썹을 볼 수 없을까 걱정됩니다." … 지혜로운 행동을 할 때 가장 중요한 것은 외부에 달려 있는 것이 아니라 내부, 즉 자신에게 있다. 그러므로 "스스로를 제대로 들여다볼 수 있는 것이 지혜의 핵심이다."

- 21편 유로(喩老)

학교 다닐 때나 직장생활을 하다 보면 타인의 행동이나 습관 등

을 날카롭게 바라보고 분석하는 친구나 동료들을 가끔 볼 때가 있다. 때로는 어떻게 그런 세세한 것까지 찾아낼 수 있을까? 하며 감탄하게 된다.

그런데 그런 사람일수록 본인의 미흡한 점에 대해 잘 모르는 경우가 많다. 주변에서 그 부분을 언급하면 오히려 불쾌해하며 화를 내는 경우도 있다. 다른 사람을 평가하는 데는 익숙하고 자신 있지만 자기 자신에 대해 평가 받는 부분에 대해서는 어색하고 불편하기 때문에 잘 받아들이려고 하지 않는다. 결국, 그런 사람들은 자신도 모르게 주변 사람들과 어색해지며 스스로 담을 쌓게 된다. 결국 주변 사람들과 멀어질 수밖에 없고 진정한 충고나 조언을 들을 기회를 놓치게 된다.

핵심은 현재 나의 상태를 객관적으로 바라보기 위해 노력해야 한다는 것이다. 그리고 혹 주변에서 나에게 어떤 조언을 해주면 감사하게 받아들이고 되돌아볼 수 있어야 한다. 그렇다면 구체적으로 어떠한 자세로 접근해야 이와 같은 태도를 유지할 수 있을까?

심리학자 모티머 J.애들러가 쓴 《개념어 해석》에서 제시한 '오피니언 룰(opinion rule)'을 실천한다면 그 해결책에 가까워질 수 있다고 생각한다. 즉, 내가 현재 재판의 증인이라고 생각하는 것이다. 재판에 참석한 증인은 판사와 배심원들 앞에서 사실만을 말하겠다고 선서를 한다. 그렇기 때문에 증언을 할 때 자신이 보거나 들은 사실만을 말해야 한다. 본인이 보거나 들은 것이 아닌 일어났다고 생각하는 것을 말해서는 안 된다. 후자는 의견의 제시일 뿐 관찰에 의한 사실이 아니기 때문이다.

증인처럼 생각하고 행동한다면 앞서 언급한 '소망편향'이나 '확증편향'에서 벗어날 수 있을 것이다. 그러나 여기까지는 나를 객관화하기 위한 기본 단계일 뿐이다. 다음 단계는 상대방을 어떻게 바라보는가이다. 내가 상대방의 마음속에 들어가보지 않는 한 경쟁자가 현재 어떤 상태인지 잘 모른다. 내게 솔직하게 자신의 패를 다 보여주지 않기 때문이다. 이때 가장 유의해야 할 것은 막연한 자신감과 두려움이다. 이 두 가지는 그 어떤 것도 나에게 도움이 되지 않는다.

도움이 되지 않는 자신감과 두려움을 제거했다면 상대방과 겨룰 때 발생할 수 있는 가장 가능성 높은 상황과 위험한 상황을 고민해야 한다. 우리는 예언자가 아니다. 앞으로 어떤 일이 일어날지 모른다. 피터 드러커는《미래를 읽는 힘》에서 '나는 예측은 하지 않는다. 내일 무슨 일이 일어날지는 알 수 없기 때문이다. 다만, 현재 일이 진행되는 커다란 흐름은 확실하게 파악하기 위해 노력했다. 이를 통찰력(insight) 혹은 미래를 내다보는 예견력(foresight)이라고 한다'라고 했다.

나와 경쟁자 모두 사물이 아닌 생명체다. 따라서 외부의 다양한 상황 변화에 따라 유기적으로 유리한 것과 불리한 것이 계속 변할 수밖에 없다. 내게 유리했던 상황이 갑자기 다른 변수의 영향으로 경쟁자에게 유리하게 바뀔 수 있다. 이러한 변화 속에서 작은 것 하나하나에 집착하기보다 피터 드러커가 언급한 것처럼 통찰력이나 예견력을 가지기 위해 노력해야 한다. 전체적인 큰 흐름 속에서 나와 경쟁자의 강약점을 어떻게 활용할 것인가를 고민하고 행동한다면 '知彼知己 百戰不殆(지피지기 백전불태)'하고 궁극적으로 승리할 수 있을 것이다.

행복을 얻는 비결은 자신의 진실한 모습을,
자신이 정말로 어떤 사람인지를 파악하는 데 있다.

― 유발 하라리 《사피엔스》 중에서

3장

누구보다 주도적이고 열정적으로 행동하기 위해 필요한 것

韓非子

수단을 가리지 않고 무리하게 일을 추진하면 반드시 역효과가 난다

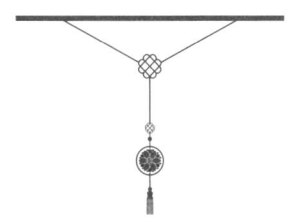

'피로스(Pyrrhus)의 승리'는 패배나 다름없는 의미 없는 승리를 의미한다. 고대 그리스 지방인 에피로스의 왕 피로스가 로마와의 두 번에 걸친 전쟁에서 모두 승리를 거두었으나 그때마다 많은 장군들을 잃어 결국 가장 중요한 전투에서 패하고 말았다. 그 이후부터 많은 희생이나 비용의 대가를 치른 승리를 '피로스의 승리'라고 부른다.

《한비자》에서는 '상처뿐인 영광'인 '피로스의 승리'의 예로 아버지가 왕의 입맛을 돋우어 주기 위해 자신의 아들을 음식으로 바치는 말도 안 되는 이야기가 나온다.

夫易牙爲君主味

君之所未嘗食唯人肉耳, 易牙蒸其子首而進之, 君所知也

人之情莫不愛其子, 今蒸其子以爲膳於君,

其子弗愛, 又安能愛君乎

"왕에게 음식을 대접하는 요리사인 역아가 왕이 인육만 제외하고 모든 음식은 먹어봤다고 하자 자신의 큰아들을 삶아서 음식으로 바쳤다는 것은 주군께서도 아실 겁니다. 부모 중 자신의 자식을 사랑하지 않는 이는 없습니다. 그런데 만약 왕을 위해 자식을 바친다면 자식을 아끼지 않는다는 것인데 그런 신하가 어찌 왕에게 충성을 다할 수 있겠습니까?"라고 했다.

- 10편 십과(十過)

이 이야기를 처음 접했을 때 아무리 생각해도 이해가 가지 않았다. 주군의 목숨도 아닌 단순 입맛을 위해 그런 행동을 했다는 것은 아무리 생각해도 이해가 되지 않았다. 아내와 자식들과의 행복을 위해 주어진 일을 성실하게 하는 것이 우리가 생각하는 상식적인 수준의 아버지의 모습이라면 그는 분명히 다른 의도를 가지고 그렇게 했을 것이다.

그는 자기 일에서의 성취욕 그리고 상급자로부터의 인정을 받아 더 높은 직책으로 올라가고 싶어 하는 의지가 그 무엇보다 중요한 사람이었을 것이다. 그렇기 때문에 주군의 입맛을 충족시키겠다는 구실로 가족의 생명까지도 그가 추구하는 것을 이루기 위한 수단으로 이용한 것이다.

너무 극단적인 이야기라 할 수 있지만, 실제로 지금 우리가 사는 사회에서도 이러한 삶을 살아가는 이들이 많다. 그들은 자신이 하고 있는 업무에서의 성취를 위해 아내와 자녀들의 대화에 귀 기울여주지 않고 바쁘다는 핑계로 외면한다. 결국 가족의 행복이 우선순위에서 후순위가 되고 만다. 우리는 이렇게 일에 대한 집착이 강하고 성취 지향적인 사람을 '워커홀릭(Workaholic)'이라고 한다. 그들은 자신의 능력을 과장되게 생각하기도 하고, 일을 하지 않으면 불안해하고 외로움을 느끼며 자신의 가치가 떨어진다고 생각한다.

그러나《육도》제10장에서는 이와 같이 앞뒤 가리지 않고 일을 하는 것이 오히려 자신의 약점이 될 수 있다고 경고했다. 장수가 가질 수 있는 여러 가지 결점 중 지나치게 용감할 경우 죽음을 가벼이 여기게 되고, 지나치게 서둘러 공을 세우려 하거나 욕심이 과해 이익을 지나치게 밝히는 것 등을 언급했다.

물론 그렇게 일을 하는 사람들 중 억울해하는 이들도 있을 것이다. 경쟁이 치열한 사회에서 살아남아야 승진도 하고 돈도 벌 수 있기에 야근과 직장 동료들과의 인간관계를 위한 회식을 할 수밖에 없다고 이야기할 수 있다. 그러나 그렇게 가족들과의 추억을 잃어버리고 살아갈 경우 본인은 원하지 않았다고 하더라도 결국 《한비자》에서 아버지가 아들을 삶아 주군에게 바치는 것과 같은 결과에 이르고 만다.

가족 구성원들이 이해해주기를 바랄 수도 있다. 그러나 가족들 역시 각자의 삶에서 힘들고 어려움을 겪고 있다. 업무적인 것일 수도 있고, 공부하는 부분, 때로는 인간관계 등 다양하다. 그때 서로 힘든 부분을 이야기하며 해결책을 같이 찾아가는 시기를 보내지 않는다면 가족들은 섭섭해할 것이고, 일을 가족보다 더 중요하다고 생각하는 이로 치부할 가능성이 더 크다.

《전쟁의 기술》에서도 권력이나 부, 명성에 집착하는 인상을 주는 것은 결코 현명하지 않다고 했다. 야망이 당신을 정상까지 올려줄 수 있지만, 그와 동시에 당신에게서 사람들의 호감도와 지지도를 앗아갈 수 있기 때문이다. 호감을 못 느끼는 사람은 학교 친구와 직장 동료들뿐 아니라 소중한 가족 구성원들도 예외는 아니다.

이에 대해 피터 드러커의 《위대한 혁신》에서는 미래를 위해 혁신하려고 하지 말고 현재를 위해 혁신하라고 했다. 혁신의 영향은 오랜 기간에 걸쳐 나타나는데 20년이 지나도 완전한 성숙기에 이르지 않을 수 있기 때문이다. 즉, 앞으로의 가정의 행복을 위해 업무에 매진하지 말고 현재 우리 가족 구성원들이 행복할 수 있는 것을 찾아 노력해야 한다. 지금 노력한다 해도 가정이 갑자기 화목해질 수는 없다. 가족의 행복은 당장 그 성과가 나타나지 않고 한참 뒤에 조금씩 나타나기 때문에 지금부터 최선을 다해야 한다.

  가정이 없고 나 혼자 살아가도 마찬가지다. 성공하고 나서 취미생활과 건강을 챙기려고 하면 늦는다. 지금 행복을 느낄 수 있는 것을 찾아야 하고 조금 몸이 불편하면 병원에 가서 치료를 받아야 한다. 내가 정한 성공의 기준은 내가 바꾸면 된다. 또한, 우선순위도 조정할 수 있다. 급하게 모든 것들을 지금 당장 해결하려고 하기보다 차근차근 하더라도 스스로 충분히 할 수 있는 능력과 여유를 가지고 있음을 믿고 행동하자.

모레 해도 되는 일을 내일로 앞당기지 말라.

- 마크 트웨인

규정을 지키는 일은 안전한 배를 타고 강을 건너는 것과 같다

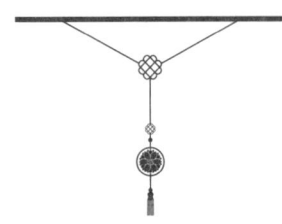

'고르디아스의 매듭(Gordian knot)'은 풀기 힘들지만, 허점을 찾아내어 발상을 전환함으로써 쉽게 풀 수 있는 문제를 비유하는 말이다. 과거 소아시아의 고대 국가 프리기아의 왕 고르디아스가 자신의 전차에 매듭을 묶어 놓고 그 매듭을 푸는 자가 훗날 아시아를 정복하게 되리라는 예언을 했다. 이후 많은 사람들이 이 매듭을 풀고자 했으나 실패했다. 훗날 프리기아를 정복한 알렉산더는 매듭을 손으로 풀지 않고 칼로 단숨에 잘라 버렸고 예언대로 아시아를 정복했다.

알렉산더가 꼭 그 매듭을 잘랐기 때문에 아시아를 정복했다고는 생각하지 않는다. 다만, 주어진 문제를 해결할 때 대부분의 사람들이 생각하는 방법이 아닌 새롭게 접근하여 해결책을 강구하는 능력과 센스라면 다른 나라를 정복하면서 발생하는 어려움을 헤쳐 나갈 수 있었을 것이다.

문제를 해결하기 위해 여러 가지 방법을 고민하고 시도해보는 것은 어렵고 힘들지만 의미가 있다. 그러나 그 해결 방법은 정해진 규정 범위 내에서 이루어져야 한다. 만약 규정을 벗어나 해결하려고 하면 편법 또는 꼼수가 된다. 만약, 고르디아스가 매듭은 손으로만 풀어야지 자르거나 끊어서는 안 된다고 언급했음에도 불구하고 알렉산더가 똑같이 행동했다면 '고르디아스의 매듭' 이야기는 전해져 내려오지 않았을 것이다.

《한비자》에서는 규정대로 행동하는 것은 견고한 수레나 안전한 배를 타고 가는 것과 같다며 그 중요성을 강조했다.

託於犀車良馬之上, 則可以陸犯阪阻之患 乘舟之安, 持楫之利,
則可以水絶江河之難 操法術之數, 行重罰嚴誅, 則可以致霸王之功
治國之有法術賞罰, 猶若陸行之有犀車良馬也,
水行之有輕舟便楫也, 乘之者遂得其成

튼튼한 수레와 뛰어난 말을 가지고 있으면 넘기 힘든 오르막길도 넘을 수 있고, 사용하는 데 편리한 노를 갖춘 안전한 배는 아무리 넓은 강이 있다 하더라도 건널 수 있으며, 법을 공정하게 집행한다면 훌륭한 왕으로서 업적을 이룰 수 있다. 나라를 통치할 때 공정한 법을 통해 상과 벌을 시행하는 것은 튼튼한 수레와 뛰어난 말이 끄는 마차를 탄 것과 같고 강을 건널 때 편리한 노를 갖춘 안전한 배와 같다. 이렇게 함으로써 원하고자 하는 것을 이룰 수 있다.

- 14편 간겁시신(姦劫弒臣)

 규정대로 하는 것이 옳은 행동이라는 것은 누구나 알고 있다. 그럼에도 불구하고 《한비자》에서 이렇게 강조하는 것은 규정보다는 학연, 지연, 뇌물 등의 편법으로 더 좋은 직위에 오르거나 일을 처리하려고 하는 사람들에게 경고를 주기 위해서다. 집안 배경도 좋고 경제적인 부를 가지고 있는 사람들은 원하는 사회적 지위를 얻기 위해서 쉽고 빠른 방법을 찾고 싶은 유혹에 빠지기 쉽다. 그러다 보니 그들 중 일부는 규정대로 올바르게 행동하는 이들보다 능력도 부족하고 노력도 하기 싫어 꼼수를 부리게 된다.
 규정과 방침을 준수하며 업무를 내실 있게 한 사람들이 공정한 경쟁을 통해 높은 위치에 올라가면 올라갈수록 빛이 난다. 그러나 부족한 실력에도 불구하고 편법으로 높은 위치에 오른 사람은 그 위치에서 감당할 수 있는 능력이 없기 때문에 자신의 진짜 실력이 드러나는 것을 두려워한다. 그래서 본인이 결정해야 할 때 결정을 미루거나 부하 직원들에게 책임을 전가하는 경우가 많다.

마더 테레사 수녀가 쓴 시 〈그럼에도 불구하고〉에도 '당신이 정직하고 솔직하면 상처받기 쉬울 것이다. 그럼에도 불구하고 정직하고 솔직하라'라는 문구가 있다. 규정과 방침을 지키다 보면 손해보는 것 같고 다른 사람보다 느리게 가는 것 같아 조금 답답할 때도 있을 것이다. 그러나 머나먼 항해를 떠나는 배의 모든 부분을 꼼꼼히 확인해야 먼 바다로 나가도 이상이 없는 것처럼 규정과 방침을 지키는 과정은 반드시 필요하다. 조급한 마음에 제대로 확인하지 않고 출발할 경우 조그마한 풍랑에도 배가 뒤집혀 나뿐 아니라 동료들의 소중한 생명까지 잃을 수 있기 때문이다.

미국의 조직심리학자 애덤 그랜트는 《오리지널스》에서 '벤자민 프랭클린, 알버트 아인슈타인, 스티브 잡스… 그들은 호기심이 많고, 대세에 순응하지 않았으며 반항적이었다. 잔인하리만큼 정직했고, 위계질서에 맞설 만큼 정직했다. 그리고 그들은 위험을 무릅쓰고 그 신념을 실천한 결과 성공했다'고 했다. 힘든 과정 없이 얻는 것은 진짜가 아니다. 오히려 그 과정을 즐기며 진짜를 찾아가자.

자신이 하는 말을 자신이 건널 다리라고 생각하라.
그리하면 든든한 다리가 아닐 경우 당신은 건너지 않을 것이다.

- 《탈무드》중에서

의사소통을 막는 원인을 찾고 해결해야 한다

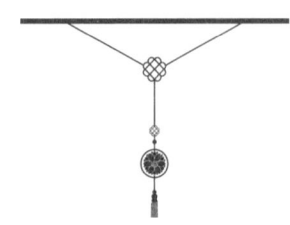

조선시대를 통틀어 가장 훌륭한 왕을 꼽으라고 하면 우리나라 국민들은 대부분 주저 없이 훈민정음을 창제한 세종대왕을 떠올릴 것이다. 세종대왕 시대에 해시계와 혼천의 등 다양한 도구가 발명되었을 뿐 아니라 농사와 의학 관련 서적인 《농사직설》, 《향약집성방》 등을 발간하여 백성들이 배고프지 않고 건강하게 생활할 수 있도록 했다. 그리고 '공법'이라는 토지 세법을 정하기 위해 약 17만 명의 백성들의 의견을 직접 들어보기까지 했다.

그러나 조선시대 약 500년 동안 세종대왕처럼 백성들을 위하고 소통하려 했던 왕들은 많지 않았다. 분명 초기에는 최고 통치자로서 백성들이 잘 먹고 잘 사는 나라를 만들고 싶었을 것이다. 다만 아부하는 신하들에 둘러싸여 그들이 이야기하는 것만을 믿고 지내게 되면서 점차 관심이 사라졌을 것이다. 그 신하들은 자신의 부와 명예에 반하는 상소문이 올라오면 현실을 왜곡해 축소 또는 확대 보고하며 백성들의 삶을 더욱 힘들게 만들었을 것이다. 《한비자》에서는 이러한 신하들을 물과 불을 가로막는 솥뚜껑 같은 존재라고 비유했다.

◆

今夫水之勝火亦明矣, 然而釜鬵間之, 煎沸竭盡其上,
而火得熾盛焚其下, 水失其所以勝者矣今夫治之禁姦又明於此,
然法守之臣爲釜鬵之行, 則法獨明於胸中, 而已失其所以禁姦者矣

물로 불을 끌 수 있다는 것은 누구나 알고 있는 사실이다. 그러나 물과 불 사이에 가마솥을 두면 이야기가 달라진다. 물은 모두 끓어올라 증발해버리지만 불은 사라지지 않고 가마솥 아래에서 계속 타오른다. 즉, 물로 불을 끌 수 없게 된다. 법을 공정하게 시행하는 것은 물로 불을 끌 수 있는 것보다 더 명확한 것이다. 만약 법을 집행하는 신하가 물과 불 사이의 가마솥처럼 간사하게 행동한다면 왕이 생각하는 공정한 법은 생각 속에만 존재할 뿐 실제 백성들에게는 존재하지 않게 된다.

- 17편 비내(備內)

◆

물로 불을 끌 수 있다. 그러나 가마솥 위에 있는 물은 불을 끄지 못하고 시간이 지나면 날아가버린다. 《한비자》에서는 소통을 막는 자가 가마솥처럼 결정권자와 의견을 내는 수많은 사람 중간에 있을 경우 문제가 해결되지 않고 더 악화된다는 것을 재치있게 표현했다.

우리가 다니는 회사, 학교 등 조직에서 불만 없이 지내기 위해서는 의사소통이 중요하다. 기회가 공평하게 주어지고 결과가 공정한 것에 대해 구성원들이 모두 받아들이기 위해서는 처음부터 의사를 교환하면서 불필요한 오해가 발생할 수 있는 것을 방지하는 것이다. 문제는 좋은 결과를 얻지 못하는 사람들 중 불만을 갖는 사람들이다. 그들은 있는 그대로의 결과를 받아들이고 싶어 하지 않는다. 마치 조선시대 왕 옆에 있던 간사한 신하들처럼 본인들에게 유리한 결과를 만들어 내려고 결과가 나오기 전에 의사소통을 왜곡해 결과를 바꾸려 한다.

그러나 지금은 조선시대처럼 일부 신하들만 의견을 종합해서 왕에게 간언하는 시대가 아니다. 의사소통을 할 수 있는 수단이 많이 다양해졌다. 특히, SNS는 가족, 친구 그리고 직장 동료들과 끊임없이 소통하는 수단이 되어 예전처럼 마음대로 차단할 수도 조작할 수도 없다. 그렇다면 그들은 어떻게 지금도 많은 곳에서 의사소통 수단을 조작하며 자기가 원하는 것을 얻고 있을까?

그들은 과거와 정반대의 방법을 사용하고 있다. 제한된 의사소통 수단을 독점해서 왜곡하려 하지 않고 수많은 정보를 제공해서 사람들이 너무나 많아진 의사소통 채널들 속에서 어떤 것이 옳고 그른지를 제대로 판단하지 못하는 점을 악용한다. 즉, 자신들이 원하는 방향으로 사실을 조작한 뒤 그것이 사실인 것처럼 여론을 조성하는 '가짜 뉴스'를 만드는 것이다.

'과연 사람들이 순순히 그렇게 조작된 것을 믿을까?' 하고 생각할 수도 있다. 결과를 왜곡하는 이들은 대다수의 인원들이 기존의 현실대로 믿고 행동할 경우 공평한 기회와 공정한 결과를 얻지 못할 것이라는 분위기를 조성한다. 어느 누구도 불평등한 기회를 부여받고 결과도 불공정한 것을 좋아할 사람은 없다. 그렇기 때문에 대다수의 사람들은 제대로 확인하지 않고 SNS를 통해 의견을 쏟아내며 잘못된 방향으로 결론을 내고자 하는 사람들의 의도대로 끌려가는 것이다.

우리는 이처럼 솥뚜껑 같은 역할을 하는 사람을 걸러낼 수 있어야 한다. 그 방법은 앞에서 이야기했던 세종대왕으로부터 그 힌트를 얻을 수 있다. 분명 세종대왕 시기에도 현실을 왜곡하려는 이들이 존재했을 것이다. 그러나 세종대왕은 한 명에게만 의견을 듣지 않고 다양한 사람들로부터 의견을 듣고 올바른 결정을 내리고자 했다.

세종대왕이 가장 중점을 둔 것은 더 많은 이들에게 도움이 되는 것이었다. 그 결과 천민 출신이었던 장영실을 발탁했고, 자신이 왕위에 오르는 데 반대한 황희를 정계에 복귀시켰으며, 관청에서 일하는 천민 여성에게도 100일의 출산 휴가를 부여하도록 했다. 분명 이와 같은 정책을 추진할 때 발생하는 부작용에 대해 신하들과 수많은 양반들이 반대하며 상소문을 올렸을 것이다. 세종대왕은 모두의 의견을 듣고 공평한 과정과 공정한 결과를 따져보고 결정했다.

회사와 학교 등 우리가 속한 조직에서 무엇인가를 추진할 때 많은 이들이 공감할 수 있는 과정과 결과가 나올 수 있도록 서로 간의 원활한 의사소통이 중요하다. 그렇지 않고, 그 과정을 귀찮아하거나 누군가가 알아서 할 거라는 막연한 생각을 하게 되면 어느새 더 많은 것을 얻으려는 소수에게 휘둘리게 된다. 그리고 우리가 그것을 알아차렸을 때는 이미 너무 늦어 결과를 되돌리기 힘들 수 있음을 명심하자.

나는 의사소통을 진작시키는 모든 도구가
사람들이 서로 배우는 방식, 누리고자 하는
자유를 얻어내는 방식에 지대한 영향을 미친다고 굳게 믿는다.

- 빌 게이츠

눈앞의 이익만 보면 등 뒤로 빠져나가는 손해를 놓친다

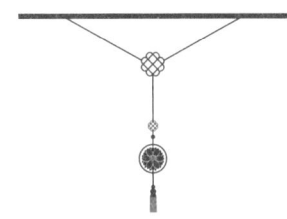

연예인들 중 피나는 노력 끝에 다이어트에 성공했지만 무리한 체중 감량으로 급격한 노화 현상이 나타난 경우를 종종 볼 수 있다. 연예인들은 직업 특성상 시청자들에게 더 매력적인 모습을 보여주기 위해 살 빼는 것을 주저하지 않는다. 일부 연예인들 중 여러 가지 노력으로 단기간에 20kg 가까이 빼는 경우도 있다. 그러나 부작용으로 얼굴이 갑자기 늙어 보여 방송에서 주변 연예인들에게 핀잔을 듣거나 놀림감이 되기도 한다. 노화 현상뿐 아니라 몸에 이상 신호가 몇 군데 발생하기도 해 치료를 받는 사람들도 있다.

건강한 삶은 중요하다. 그렇기 때문에 체중이 과도하게 나가 생활하는 데 불편함을 느끼고 합병증이 발생할 정도가 되면 건강을 위해 체중을 줄이는 것은 필요하다. 그러나 장기적인 계획을 세워서 꾸준히 실천해야 부작용이 발생하지 않는다. 마음만 급해 무리하게 추진하면 소탐대실(小貪大失), 즉 작은 것을 얻으려다 더 큰 손해를 입게 된다. 다이어트뿐 아니라 모든 일을 하기 전에 그 일을 했을 때 발생할 수 있는 것들에 대해 고민하지 않고 추진하게 되면 그로 인해 발생하는 부작용이 클 수 있음을 《한비자》에서는 강조하고 있다.

人主欲為事, 不通其端末, 而以明其欲, 有為之者, 其為不得利,
必以害反
知此者, 任理去欲
舉事有道, 計其入多, 其出少者, 可為也
惑主不然, 計其入, 不計其出, 出雖倍其入, 不知其害,
則是名得而實亡
如是者功小而害大矣

왕이 나라를 다스릴 때 어떤 일에 대해 자세히 모르면서 자신의 의도를 신하들에게 먼저 알린다면, 그 일이 제대로 추진될 수 없을 뿐 아니라 신하 중 악의를 품을 경우 왕에게 분명 안 좋은 일이 생기게 된다. 이를 알고 있는 왕은 자신의 의도를 겉으로 드러내지 않고 일을 추진해야 한다. 왕이라도 모든 일을 추진할 때는 얻을 수 있는 것과 잃을 수 있는 것을 따져봐야 한다. 그렇지 않고 무리하게 일을 추진하게 되면 얻는 것보다 더 많은 것을 잃게 될 것이다.

- 18편 남면(南面)

◆

《한비자》는 군주라 하더라도 어떤 일을 하기 전에 발생할 수 있는 일들을 고민하지 않고 시작한다면 갑자기 발생하는 다양한 우발 상황들을 제대로 대비할 수 없기 때문에 그에 대한 책임을 져야 한다고 강조하고 있다.

우리가 어떤 일을 할 때는 좋아서 하는 경우 또는 해야만 하는 경우로 나눌 수 있다. 하루에 내가 사용할 수 있는 시간은 아무리 많아도 24시간을 넘지 못하며, 무엇을 하려고 할 때 지출하는 비용도 내가 가진 것을 초과할 수 없다. 그렇기 때문에 주어진 시간과 돈을 가지고 어떤 일부터 해야 할지 고민해야 한다.

이것은 흡사 월급을 받고 나서 한 달 동안 지출할 것들을 따져보는 것과 비슷하다. 매달 고정적으로 나가는 통신비, 전기세 등이 있음에도 불구하고 이것을 고려하지 않고 여행 가서 비싼 숙소와 음식을 사 먹는 데 과도하게 지출하면 다음 달에 문제가 발생한다. 멋진 경치를 보고 좋은 곳에서 맛있는 음식을 먹는 것은 힐링이 되고 더 열심히 생활하는 원동력이 되기도 한다. 그러나 정기적으로 지출하는 공과금까지 내지 못할 정도로 돈을 썼다면 생활하는 흐름이 깨지게 되어 불편함을 겪게 된다. 고급 차량이나 시계, 핸드백 같은 경우도 마찬가지다.

내가 나에게 주는 선물이기 때문에 충분히 감내할 수 있는 부분이라고 생각할 수 있다. 그 부분은 동감한다. 나를 소중히 생각해서 한 결과라면 그로 인해 나의 자존감도 높아질 수 있다. 그러나 만약 그 행동이 타인이 가지고 있는 것을 의식해서 한 선택이라면 다시 생각해봐야 한다. 타인보다 더 좋은 것을 가지는 행위로 스트레스를 해소하려 했다면 그 지출은 나를 위한 선물이 아니다. 당장 내 눈앞에 보이지 않지만 얼마 지나지 않아 내게 닥칠 쓰나미와 같은 고통처럼 카드 명세서가 날아올 것이다.

이와 같은 고통은 첫 글귀에서 언급한 무리한 다이어트의 결과와 같다. 결국 나 자신을 위한 선물이 나의 자존감을 높여주고 생활하는 데 활력소를 주기 위해서는 장기적인 계획을 세우고 꾸준히 실천하는 다이어트처럼 될 수 있도록 노력해야 한다.

또한, 내가 이를 제대로 실천하기 위해서는 나 스스로에 대해 조금 엄격해질 필요가 있다.《이기는 습관》에서는 어느 조직이건 목표가 주어지면 그 목표를 향해 달음박질한다고 했다. 그런데 안 되는 조직일수록 리더의 인심이 후하다. 직원들에게 잘 보이려고 불합리한 것도 지적하지 않는다. 그러나 목표는 실현 가능한 것보다 조금 높게, 평가는 냉혹하게, 그리고 보상은 철저하게 하는 것이 강한 조직의 특징이다. 잘못한 것에 대해 스스로 합리화하고 만족한다면 원하는 목표에 도달할 수 없다. 조금은 냉정하게 스스로를 돌아보고 접근해야 강한 조직과 같은 시너지 효과를 발휘할 수 있다.

나 자신을 냉정하게 바라본다는 것은 객관화한다는 것이다. 미군 장군들의 성공 노하우가 담긴《명장의 코드》에서 2차 대전 당시 장군이었던 조지 패튼은 역사를 객관적으로 바라볼 수 있어야 군인으로서 성공할 수 있다고 했다. 세부적인 날씨나 사항이 중요한 것이 아니라 주요 상황에서 사람들이 어떻게 반응했는가를 아는 것이 중요하다고 했다. 즉, 주요 국면에서 성공한 사람들의 패턴을 분석한 뒤 현재 내가 처한 상황과 비교해서 적용한다면 좀 더 보완하고 개선할 수 있다. 그 과정을 통해 내가 한 행동에 대해서 후회하지 않고 만족한 결과를 얻게 될 것이다.

후회하기 싫으면 그렇게 살지 말고,
그렇게 살 거면 후회하지 말라.
- 이문열《젊은 날의 초상》중에서

고전과 오래된 책의 차이를
알아야 한다

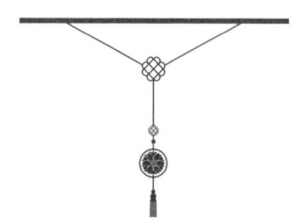

'고전을 읽는 것은 천 년이 넘는 지혜의 산삼을 두뇌에게 실컷 먹이는 것이다.'

《리딩으로 리드하라》의 저자 이지성 작가가 고전의 중요성을 강조하며 언급한 것이다. 이지성 작가뿐 아니라 많은 이들이 고전의 중요성을 이야기하며 꾸준히 읽을 것을 권한다. 하지만 고전을 읽어봤거나 읽으려고 했던 사람들은 그것이 얼마나 힘든 것인지 알고 있다. 일단 책이 두껍다. 용어도 어렵고 몇 번 읽어도 잘 이해가 가지 않는 경우가 많다. 하루 종일 바쁘게 지내다가 저녁에 시간 내서 큰마음 먹고 고전 책을 펴서 읽지만 시간을 투자하는 것 대비 별로 머릿속에 남는 것이 없는 것 같다. 때로는 '그냥 가볍게 읽을 수 있는 책 읽을까?'라는 생각이 고전을 읽고 있는 순간에도 머릿속을 맴돌 때도 있다.

그러나 여기서 멈추면 안 된다. 고전 책을 읽을 때마다 어색하더라도 계속 보면서 익숙해져야 한다. 이지성 작가도 '식물에 물을 주고 나중에 보면 물은 흔적조차 발견하기 어렵다. 하지만 이상하게도 식물은 자라는데 인문 고전 독서 또한 마찬가지다'라고 하며 꾸준히 읽기를 권했다. 정말 신기하게도 며칠 동안 힘들다가 어느 날 고전의 어느 문구가 가슴에 진하게 와닿고 머리에 깊이 박힐 때가 있다. 그러면서 내가 지금까지 행동했던 것들 중 잘못하고 있는 것들이 떠올라 고쳐야겠다고 생각할 때가 있다. 고전을 꾸준히 읽으며 그 과정을 여러 차례 반복하다 보면 어느덧 우리의 가치관 중 잘못된 부분은 덜어내고 올바른 부분으로 채워가고 있음을 느낄 때가 있다. 이 맛에 흠뻑 빠지면 고전 읽기가 힘든 과정임을 알지만 또 다른 고전 책을 집어 들고 읽게 된다.

분명 고전은 많은 사람들이 오랫동안 꾸준히 사용하며 검증된 최고의 브랜드다. 그러나 오래되었다고 모두 고전이라고 할 수 없다. 고전이 많은 사람들의 가치관에 긍정적인 영향을 주는 것과 달리 단순히 오래된 책은 그렇지 않다. 오히려 읽으면 읽을수록 나쁜 영향을 미칠 수도 있다.

20세기 초에 일본은 제국주의와 조선의 침략을 정당화하기 위해 '임나일본부설'을 주장하며 다양한 책들을 출간했다. '임나일본부설'은 일본이 4세기 후반에 한반도 남부 지역에 진출하여 백

제와 신라, 가야를 지배했다는 내용이다. 출간된 지 100년이 지났고 아직도 존재하고 있지만 우리는 이 책을 '고전'이라고 부르지 않는다. 만약 이 책을 읽고 잘못된 논리에 빠져 자신의 가치관을 잘못 정립하면 이후에 접하는 책들을 그 시각에서 바라보기 때문에 삶에 부정적인 영향을 미치게 된다.

《한비자》에서도 우리가 하는 행동들 중에 '고전'처럼 검증되었다고 생각해서 한 번도 제대로 의심하지 않고 해오는 것들을 경계해야 한다고 강조했다. 검증된 '고전'이라고 생각했는데, 다시 살펴보니 단순히 '오래된 책'일 수 있다. 오래된 책이라는 것을 알았음에도 불구하고 지금까지 해왔던 익숙함에 젖어 바꾸려 하지 않는 것은 사악한 행동이라고까지 했다.

凡人難變古者, 憚易民之安也
夫不變古者, 襲亂之跡 適民心者, 恣姦之行也
民愚而不知亂, 上懦而不能更, 是治之失也

일반적으로 사람들은 습관처럼 하던 행동들 중 어떤 행동을 바꾸려고 해도 지금까지 익숙했기 때문에 잘 바꾸지 못하는 경우가 있다. 과거부터 유지되던 안 좋은 법을 개정하지 않고 그대로 유지하는 것은 혼란스러워질 뿐 아니라 사람들에게 안 좋은 영향을 주게 된다. 만약 사람들이 악법인지 모른 채 살아간다면 피해를 고스란히 입을 것이고, 왕이 악법인지 알면서도 이를 바꾸려고 하지 않는다면 나라를 잘못 다스리는 것이다.

- 18편 남면(南面)

　익숙하다는 것은 내가 그동안 생활하면서 반복 숙달하는 과정을 통해 체득화한 것이다. 그리고 이것이 지금 내가 하는 것 중에 가장 최적화되었다고 믿는 것이다. 그러나 상황이 변하면 지금 내가 하는 행동 중 바꿔야 할 것은 없는가 고민해봐야 한다. 자칫 지금까지 아무 문제 없었다고 생각해서 기존 것 중에 보완할 것은 없는가를 고민하지 않을 경우 무심코 하는 행동이 주위 사람들에게도 불편함과 해를 끼칠 수 있는 악습이 될 수 있다.

　이처럼 내가 지금 행동하는 것들 중 악습이 없는가를 되돌아보고 개선하기 위해서는 어떻게 해야 할까? 앞에서도 언급한 고전 읽기를 다시 추천하고 싶다. 고전 속에 나와 있는 여러 사람들이 행동하는 것을 보면서 많은 것을 배울 수 있기 때문이다.《생각의 융합》에서는 고전 읽기를 통해서 내가 어떤 세상에 살고 있는지, 어떤 세상에서 살아야 하는지 진지하게 고민하고 실천 방안을 모색할 수 있다고 했는데 그 부분을 진지하게 고민하고 받아들일 필요가 있다고 믿는다.

익숙함에 속아 소중함을 잃지 말자.

- 생텍쥐페리《어린 왕자》중에서

어떻게 바라보느냐에 따라 똑같은 현상도 다르게 보고 행동한다

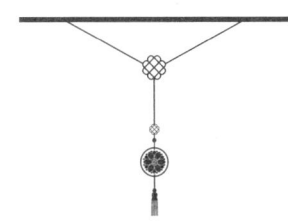

　SBS에서 20년 넘게 일요일 아침에 방영 중인 〈TV 동물농장〉은 귀여운 강아지부터 신기한 동물들까지 볼 수 있어서 많은 사람들이 애청하는 프로그램이다. 한번은 성인 남자 키 2배가 넘는 4m 길이의 비단구렁이와 동거하는 '파충류 청년'이 소개되었다. 취재진이 집 현관문을 열고 들어가자 손바닥보다 큰 거북이와 다양한 색의 뱀들이 방 안을 기어다녔다. 20살이었던 그 청년은 11살 때부터 파충류들과 함께 생활해 불편함 없이 즐겁게 지내고 있다고 했다.

　이 '파충류 청년'뿐 아니라 해외토픽에서도 벌이나 거미, 박쥐 등과 함께 사는 사람들을 가끔 접할 때가 있다. 대부분의 사람들은 무섭다고 피하지만, 파충류와 동거하는 사람들은 일반 사람들과 다르게 자신들이 키우는 파충류에 진심과 애정을 가지고 키운다.

우리가 보거나 그들이 봐도 똑같은 뱀이고 박쥐다. 그러나 다르게 생각하기 때문에 다르게 행동하는 것이다. 어떻게 보면 우리가 모르는 그 파충류만의 매력을 그들은 알고 있을 수 있다. 이게 단순한 취미생활이 아닌 회사생활을 하거나 사업을 할 때 남들이 보지 못하는 무언가를 볼 수 있고 그것을 수익 창출까지 연결시킬 수 있다면 그것은 정말 중요한 능력이라고 할 수 있다.

《한비자》에서도 현상을 다르게 바라보는 시각의 중요성에 대해 언급한 구절이 있다.

鱣似蛇, 蠶似蠋, 人見蛇則驚駭, 見蠋, 則毛起
漁者持鱣, 婦人拾蠶, 利之所在, 皆爲賁諸

뱀장어는 뱀과 모양이 비슷하고, 누에는 뽕나무 벌레와 비슷하다. 사람들은 뱀이나 뽕나무 벌레를 보면 놀라고 피한다. 그러나 어부들은 뱀장어를 아무렇지 않게 손으로 잡고 여인들도 비단을 만들기 위해 누에 만지기를 꺼리지 않는다. 이렇듯 이익이 되는 일이라 생각하면 그것을 회피하기보다 누구나 맹분이나 전저와 같은 용사가 된다.

*맹분, 전저 : 춘추전국시대 장사(壯士)

- 23편 설림. 하(說林. 下)

 《한비자》가 쓰일 당시에도 사람들은 뱀과 뽕나무 벌레는 싫어했던 것 같다. 그러나 비슷하게 생긴 뱀장어가 몸에 좋다는 것과 누에로부터 비단을 만들 수 있다는 것을 알고 있기 때문에 당시에도 무서워하기보다 어떻게든 잡으려고 했을 것이다. 분명 '파충류 청년'도 뱀, 비단구렁이와 함께 지내면서 우리가 느끼지 못한 편안함과 기쁨 등을 얻었기 때문에 키웠을 것이다.

 다른 시각으로 접근해서 이익을 창출했던 것은 비단 뱀장어와 누에만 있는 것은 아니다. 대중적으로 맛있게 먹는 것 중에 하나가 '아귀찜'이다. 그러나 이 음식을 먹기 시작한 것은 오래되지 않았다. 어부들은 예전에 아귀가 잡히면 못생겼다고 그 자리에서 바다로 던져버렸다고 한다.

 그러나 일본 식민지 시대였던 1900년대 초반에 어부들이 잡은 대다수의 물고기를 일본에 강탈당한 뒤 가게에서는 판매할 생선들이 별로 없었다. 그런데 몇몇 가게에서 팔 수 없는 생선들 중 하나였던 아귀를 맛있는 양념과 함께 먹을 수 있는 음식으로 탈바꿈시켰다. 즉, 가게 주인들은 아귀를 못생긴 생선이 아닌 먹을 수 있는 생선이라는 시각으로 바라보았기 때문에 음식으로 판매할 수 있게 된 것이다.

현상은 누가 봐도 똑같다. 비단구렁이, 박쥐, 뱀장어, 누에, 아귀 모두 마찬가지다. 결국 현상을 다르게 바라볼 수 있어야 한다. 물론 지금까지와는 다르게 바라보는 것은 어렵다. 그러나 고민할수록 그만큼 앞으로 나아갈 수 있다.

혹시 내가 다르게 보려고 노력하는 것에 대해 누군가가 비웃을 수도 있다. 그러나 그런 시선이 의식된다면 미국의 유명 트럼펫 연주자였던 루이 암스트롱이 '만약 사람들이 여러분의 아이디어를 비웃지 않는다면 그건 당신이 충분히 창의적이지 않다는 뜻입니다'라고 했던 말을 기억하자. 다르게 바라보려면 창의적인 생각을 가지고 있어야 한다. 그 과정에서 그것을 이해하지 못하고 비웃는 시선은 중요하지 않다. 그 비웃는 시선은 나중에 부러움의 시선으로 바뀌어 있을 것이다.

또한, 왜 내가 지금 남들과 똑같이 바라보는 시선을 다르게 바라보려 노력하고 있는가에 대해 고민해야 한다. 우리가 단순히 '지금부터 다르게 봐야지'라고 마음먹는다고 다르게 볼 수 있는 것이 아니다. 내가 어떻게 살아갈 것인가에 대한 명확한 비전을 가지고 현상을 바라보려 할 때 남들과 다른 무언가를 볼 수 있는 것이다.

맹인으로 태어난 것보다 더 불행한 것은

시력은 있으나 비전은 없는 것이다.

- 헬렌 켈러

상황이 급변해도
빠져나갈 구멍은 있어야 한다

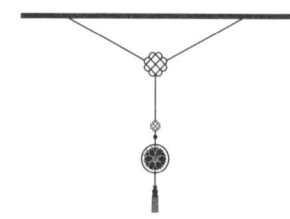

영화나 드라마를 보다 보면 "플랜 B를 가동해야겠군"이라는 대사를 듣는 경우가 있다. 그 상황쯤 되면 극적인 반전 장면들이 나오면서 클라이맥스를 향해 나아간다. '플랜 B'는 기존의 계획(플랜 A)이 통하지 않거나 상황이 변화했을 때 또는 비상 상황이 도래했을 때를 대비하는 '대체 계획'이다. 쉽게 보완책, 대안책 또는 차선책 등으로 불리기도 한다.

한 번 태어나서 사는 인생인 만큼 누구나 성공해서 멋지고 의미 있는 삶을 살고 싶어 한다. 사람마다 성공에 대해서는 다양하게 생각할 수 있지만 각자가 바라는 것을 이루고 싶어 하는 마음은 똑같을 것이다. 그 성공을 위해 각자 계획을 세우고 열심히 공부도 하고, 회사에서 업무를 하기도 한다. 그러나 대학교 학점도 상대평가이고, 회사도 고과 점수에 따라 연봉이 달라지고 승진하기도 한다. 누구나 바라는 것들은 피라미드의 꼭대기에 있다. 그렇기 때문에 꼭대기에 가까워질수록 그것을 성취하는 사람도 소수에 불과하다.

만약 내가 처음 계획했던 것을 꾸준히 해서 피라미드의 꼭대기까지 올라가는 성공을 한다면 가장 좋겠지만 그러지 못할 것 같다는 생각이 드는 그 순간 어떻게 해야 할지 여러 가지 고민을 할 것이다.

좀 더 노력해볼까? 새로운 것을 찾아볼까? 좀 더 노력한다면 성공할 수 있을까? 지금까지 해왔던 것 말고는 다른 것을 할 수 없어서 그냥 버티는 것 아닐까? 몇 년 뒤에 다른 것을 하려고 결심하면 너무 늦지 않을까? 새로운 것을 한다면 어떤 것을 해야 하지? 그것을 한다고 성공할 수 있을까? 괜히 지금 하는 것에서 성과가 나오지 않는다고 회피하는 것은 아닐까?

이 글을 읽고 있는 분들 중 스스로에게 이런 질문을 한 번씩은 해본 적이 있을 것이다. 때로는 지금 이 순간에도 고민하고 있을 수 있다. 한 번뿐인 인생인 만큼 다른 사람보다 뒤처지기 싫은데 왠지 그런 느낌이 들 때면 온전히 스트레스로 돌아오곤 한다.《한비자》에서는 이러한 고민에 대해 전국시대 조각가였던 환혁의 말을 통해 지금 하는 일을 처음 시행할 때부터 개선할 여지를 남겨두는 것이 가장 중요하다고 언급했다.

桓赫曰 刻削之道, 鼻莫如大, 目莫如小
鼻大可小, 小不可大也 目小可大, 大不可小也
擧事亦然 爲其後可復者也, 則事寡敗矣

전국시대 조각가였던 환혁은 이렇게 말했다. "얼굴을 조각할 때 명심할 것은 될수록 코는 크게 하고, 눈은 작게 해야 한다는 것입니다. 큰 코는 조각을 통해 작게 할 수 있지만 작은 코는 크게 만들 수 없습니다. 작은 눈은 필요시 크게 조각할 수 있지만 큰 눈은 작게 할 수 없습니다. 세상의 이치 또한 같습니다. 일을 추진할 때 수정할 수 있는 여지를 남겨둔다면 우발적인 상황이 벌어져도 실패하지 않고 완수할 수 있을 겁니다."

– 23편 설림. 하(說林. 下)

전국시대의 유명한 조각가도 얼굴의 눈, 코, 입 등의 비율을 맞추기 위해서 조금씩 여유를 두었기 때문에 생각처럼 조각이 되지 않았을 때 눈 또는 코를 좀 더 다듬어 작품을 완성하고자 했다. 한 번에 글씨를 써 내려가는 일필휘지(一筆揮之)처럼 스스로의 능력을 과신하고 무리하게 추진하지 않고 언제든지 우발적인 상황이 발생할 수 있다고 겸손하게 생각하며 '플랜 B'를 생각하고 실천한 것이다.

　전쟁의 신이라고 불린 나폴레옹도 전쟁을 하기 전에 방에 혼자 들어가서 며칠 동안 전쟁을 하는 지역의 지도를 보며 다양한 상황을 고려해 다양한 계획을 수립했다고 한다. 수많은 전쟁을 치러왔던 나폴레옹이었기에 전쟁에서 그때마다 결심을 해도 이길 수 있었을 것이다. 그러나 스스로 자만하지 않았다. 전쟁을 하기 전부터 '플랜 B'뿐 아니라 '플랜 C', '플랜 D'도 강구했기에 우발 상황이 생겨도 완벽한 승리를 할 수 있었던 것이다.

　그렇지만 우리는 나폴레옹처럼 다양한 우발 상황을 고려해서 대처할 수 있는 능력을 가지고 있지는 않다. 따라서, 선택할 수 있는 옵션은 제한적일 수밖에 없다. 일을 추진할 때 마주칠 수 있는 장애물들에 대해 미리 '플랜 B'를 고민한다면 실제 그 장애물을 마주했을 때 '플랜 A'를 조금 보완할 것인지 아니면 '플랜 B'를 적용할 것인지를 판단하고 결정하면 된다. 그러나 최초 계획에만 올인할 경우 장애물로 좌절되면 다시 출발점으로 되돌아가야만 하고 점점 성공에서 멀어지게 된다.

　'플랜 B'를 적용하는 순간부터 다시 변형된 '플랜 B' 또는 '플랜 C'를 고민해야 한다. 언제 또 다른 장애물이 내 앞을 가로막을지 모르기 때문이다. 따라서, 일을 추진할 때 과도한 자신감은 금물이다. 자만심은 나를 막다른 길로 안내할 뿐이다. 만약《한비자》에서 언급했던 환혁과 나폴레옹이 자만심이 강했다면 역사에 그 이름을 남기지 못했을 것이다. 나보다 뛰어난 이들이 언제든지 나를 앞서갈 수 있다. 성공하고 싶다면 그 마음은 온전히 가지고 있되 겸손함을 유지하며 성공에 다가가기 위한 대안을 찾으려고 계속 노력해야 한다. 그래야 위기가 닥쳤을 때 빠져나갈 수 있는 구멍을 찾을 수 있다.

야망은 높이 날아오를 수도 있지만,
낮게 기어갈 수도 있다.

- 에드먼드 버크

꾸미지 않은 있는 그대로의 모습이 더 매력적이다

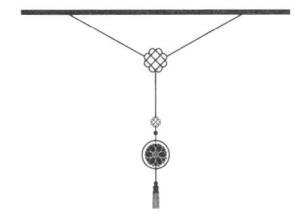

楚人有賣其珠於鄭者, 爲木蘭之櫃,

薰以桂椒, 綴以珠玉, 飾以玫瑰, 輯以翡翠

鄭人買其櫝, 而還其珠

此可謂善賣櫝矣, 未可謂善鬻珠也

今世之談也, 皆道辯說文辭之言, 人主覽其文而忘有用

춘추전국시대 초나라 상인이 진주를 팔기 위해 향기 나는 나무로 상자를 만들고, 그 상자 안에 계수나무를 넣어 향을 더했다. 그리고 테두리에 구슬과 옥을 박아 장식하고, 비취 깃을 달았다. 그런데 정나라 사람이 그 상자만 사고 진주는 상인에게 다시 돌려보냈다. 진주를 잘 팔기 위해 상자를 장식했는데, 상자만 팔았다면 진주를 잘 팔았다고 할 수 없다. 요즘 사람들은 말을 할 때 내용보다 꾸며서 둘러대며 말하는 경우가 많다. 군주는 신하들의 현혹적인 말에 휘둘리면 말의 본질적인 부분을 잊게 된다.

- 32편 외저설. 좌상(外儲說. 左上)

《한비자》는 사물의 본질을 보지 못하고 겉으로 보이는 것에만 정신이 팔려 제대로 된 결정을 내리지 못하는 것에 대해 경고하기 위해 이 예화에 빗대어 설명했다. 초나라 사람이 진주를 보관하는 상자에 여러 장신구들을 달아 화려하게 만든 이유는 진주를 더 잘 팔기 위한 것이었다. 그런데 진주를 사러 온 사람들은 진주보다 매력적인 상자만 구매했다. 결국 초나라 사람은 진주를 팔지 못하고 상자만 팔게 되었으므로 사업에 성공하지 못한 것이다.

여기서 얻을 수 있는 교훈은 두 가지다. 첫 번째, 나의 매력을 다른 사람들에게 각인시키기 위해서는 꾸미려 하기보다 있는 그대로를 보여주기 위해 노력해야 한다. 두 번째, 다른 사람의 본질을 알고 싶다면 그의 외모와 말솜씨에 속아 넘어가기보다 행동에 초점을 맞춰야 한다는 것이다.

있는 그대로를 보여준다고 할 때 떠오르는 단어는 '미니멀리즘(minimulism)'이다. '최소한도의, 최소의'라는 minimal에 'ism'을 덧붙인 '최소한주의'라는 의미로 '작은 것이 아름답다'는 의미다. 너무나 급속도로 변하고 있는 정보사회의 복잡다단한 사회구조 속에서 피로감을 느낀 사람들이 단순하고 간단한 형태나 구조를 선호하면서 유행이 되었다. 그러면서 많은 사람들이 집 안의 가구나 옷들을 정리하기도 했다. 그러나 무엇을 갖다 버리는 것보다 더 중요한 것은 어떻게 있는 그대로의 나를 보여주는가이다.

사람마다 자신을 표현하는 방법은 다양하겠지만, 나는 '글쓰기'처럼 명료하고 단순하게 표현하는 것이 가장 효과적이라고 생각한다. 강원국 작가는 《대통령의 글쓰기》에서 '단순한 것이 복잡한 것을 이긴다. 단순화해라. 많은 것을 전달하려는 욕심을 버려라. 한두 가지로 선택하고 거기에 집중해야 한다. 단순한 문제를 복잡하게 말하는 데는 지식이 필요하고, 복잡한 문제를 단순하게 말하는 데는 내공이 필요하다'고 말했다.

기회가 될 때마다 상급자나 교수님에게 내가 어떤 사람인지 보여주기 위해 다양한 방법으로 노력하고 있는 사람들은 이 글이 잘 와닿지 않을 수 있다. '한 번이라도 더 어필해야 하는 것 아닌가' 하는 생각이 들 것이다. 그러나 우리가 잘 보이려고 하는 분들은 하루에도 수십 명에서 수백 명을 상대하고 있기 때문에 자신들 앞에서 잘 보이려고 하는 사람들에게 별로 관심이 없을 것이다. 본인이 보고 싶은 것만 보고 결정해야 하는 데도 시간이 부족하기 때문이다.

따라서 무엇을 자꾸 보여주려고 하기보다 내가 가장 잘할 수 있는 것을 확실하게 해서 그 사람들이 나를 알아볼 수 있도록 하는 것이 더 중요하다. 그래야 그들이 나를 오랫동안 기억할 수 있다. 결국 그것이 내가 가장 잘할 수 있는 강점을 솔직하게 그대로 표현하는 '미니멀리즘'인 것이다.

두 번째는 다른 사람의 본질은 현란한 말솜씨가 아닌 행동에 있음을 알아야 한다. 미국 속어 중 '스노우 잡(snow job)'은 사탕발림, 즉 뻔지르르한 말이나 아부를 통해 속이거나 설득하는 것을 뜻한다. 상대방은 어떻게든 '스노우 잡'으로 자신을 더 멋지게 각인시키려 할 것이다.

《한비자》에서도 첫 문단에서 세상 사람들이 하는 말주변은 모두 교묘한 말이거나 장식적인 말이라며 그 부분을 경계하라고 했다. 그러나 경계한다고 바로 알아채기는 어렵다. 많은 사람들이 자신의 약한 부분은 가리고 보여주고 싶은 부분만 타인들에게 보여주려 하기 때문이다. 즉, 상대방은 자신의 본질을 덮고 가리기 위해 다양한 방법을 동원한다. 상대방을 외모와 말주변으로 속인 다음에는 자신을 멋지게 매력적인 사람처럼 믿도록 강요할 것이다.

그렇다면 상대방의 본질을 제대로 알기 위해서는 어떻게 해야 할까? 상대방이 말하는 것은 듣되 그것을 있는 그대로 믿으려 하기보다 그가 행동하는 것을 보면서 비교할 수 있어야 한다. 그 과정을 통해 상대방의 본질에 가까워질 수 있다. 말은 그 순간을 모면하기 위해 둘러댈 수 있지만 행동은 아무리 숨기려 해도 본인이 인식하지 못한 상황에서 마음속으로 생각하는 행동을 무의식중에 하기 때문에 겉으로 드러날 수밖에 없기 때문이다.

완벽함이란, 더 보탤 것이 남아 있지 않을 때가 아니라
더 이상 뺄 것이 없을 때 완성된다.

- 생텍쥐페리 《인간의 대지》 중에서

나의 성장에 걸림돌이 되는 것을 찾고 제거하는 데 집중하라

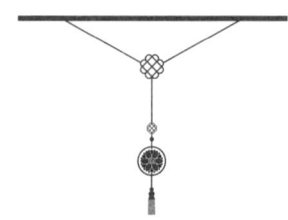

국제학술지 〈사이언스〉 6592호(2022.4.29.)에서는 개의 품종 차이와 성격 간에는 연관성이 적다는 연구 결과를 발표했다. 통상 사람들은 품종에 따라 성격이 다르다고 생각한다. '말티즈는 겁이 없고, 푸들은 사교적이며, 치와와는 경계심이 많고, 불독은 까칠한 얼굴과 달리 온순하다' 등이다.

그런데 캐슬린 모릴 미국 매사추세츠 의대 교수 연구팀은 반려견 1만 8,352마리에 대한 분석을 통해 우리가 지금까지 믿어왔던 것들이 틀렸을 수 있다고 과학적으로 증명했다. 개 주인들을 대상으로 반려견의 성격과 행동을 묻는 설문조사를 하기도 했고 일부는 유전 데이터를 확인하기도 했다. 그 결과 품종이 성격에 영향을 미치지 않는다고 주장했다. 즉, 반려견의 성격은 품종에 따라

정해지지 않는 만큼 같은 품종이라도 사납거나 얌전할 수 있다는 것이다.

사실 품종과 상관없이 길거리에서 나를 보고 짖는 개는 다 무섭다. 그 길을 걸어갈 때마다 특정 가게 앞에 묶여 있는 개가 목줄만 풀리면 언제든지 내게 달려들 것 같이 사납게 짖어댄다면 왠지 다음부터 그 길이 아닌 좀 더 돌아가더라도 다른 길로 가게 된다. 《한비자》에서도 술 가게 앞의 사나운 개 때문에 사람들이 술을 사러 오지 않으면서 결국 그 가게가 망하게 될 수밖에 없음을 짚어 주었다.

◆

一曰 宋之酤酒者有莊氏者, 其酒常美
或使僕往酤莊氏之酒, 其狗齕人, 使者不敢往, 乃酤他家之酒
問曰 何為不酤莊氏之酒?
對曰 今日莊氏之酒酸
故曰 不殺其狗則酒酸

송(宋)에 맛있기로 유명한 술을 제조해서 판매하는 장씨라는 자가 있었다. 그 술을 먹고 싶어 하는 사람이 자신의 하인에게 술을 사오라고 시켰다. 그런데 장씨가 키우는 사나운 개가 집 앞에서 그 하인을 물려고 해서 그 하인은 어쩔 수 없이 다른 집에서 술을 구매했다. 주인은 왜 장씨 집에서 술을 사지 않았는지 물었다. 그러자 그 하인은 오늘 장씨 가게가 쉬는 날이라고 대답했다. 이런 일이 반복되면서 결국 유명한 술을 제조하던 장씨 가게는 더 이상 버티지 못하고 문을 닫았다.

- 34편 외저설. 우상(外儲說. 右上)

이 글에서 '장씨'는 한 개인이 될 수도 있고, 한 조직 또는 단체가 될 수도 있다. 그리고 '사나운 개'는 개인의 경우 단점이 될 수 있고, 회사 또는 단체라면 단결을 저해하거나 해를 끼치는 구성원이라고 할 수 있다.

실력이 뛰어나고 능력 있는 사람들 중 성격이 까칠하거나 예민한 사람들이 있다. 완벽함을 추구하기 위해 스스로에게 엄격하게 행동하는 것은 괜찮다. 주변 사람들이 볼 때 '왜 저렇게까지 하지?' 하고 생각할 수 있지만 다른 사람들에게 피해를 주는 행동이 아니기 때문에 문제가 되지 않는다.

그러나 만약 완벽함을 추구하는 과정에서 주변 사람들의 능력을 비하하거나 상처 주는 말을 한다면 이때부터는 문제가 된다. 그것은 그의 마음속에 자리 잡고 있는 '사나운 개'가 다른 사람을 문 것이기 때문이다. 혹 누군가가 감사하게도 그 사람이 몰랐던 단점 혹은 성격(사나운 개) 때문에 사람들이 가까이하기를 꺼린다고 말해준다면 빨리 그 개를 잡아서 팔아버리거나 외부인들을 위협하지 않도록 집 안에 숨겨야 한다. 즉, 성격을 고치기 위해 노력해야 한다.

만약 그 능력자가 '내가 지금까지 우리 회사에 기여한 게 얼마나 많은데, 설마 나처럼 능력 있는 사람을 어떻게 하진 못하겠지'라고 생각하며 성격을 고치지 않는 것은 물론 더 심하게 기분 나쁜 말투와 행동으로 주변 사람들을 힘들게 한다면 어떻게 될까? 이는 사나운 개를 집 앞에 그대로 방치하거나 더 나아가 가게를 방문하는 사람들에게 언제든지 위해를 가할 수 있도록 목줄을 풀어버리는 것과 같다.

이 상황은 단순히 한 개인의 성격이나 단점으로 끝나지 않는다. 그 사람이 속한 회사 또는 단체의 '사나운 개'가 되어 단결을 해치는 위협적인 존재가 되는 것이다. 결국 '장씨', 즉 회사의 리더는 위기를 감지하고 회사를 위해 그 '사나운 개'에게 다른 회사로 옮길 것을 권하거나 아무도 관심을 갖지 않는 한직으로 보내는 결정을 할 것이다.

성격이 똑 부러지고 명쾌한 것이 꼭 좋은 것은 아니다. 병법서 중 하나인 《삼략》에서는 '부드러운 것이 굳센 것을 제압할 수 있고, 약한 것이 강한 것을 제압할 수 있다'고 했다. 또한, '부드러운 것은 사물을 돕는 덕이고, 굳센 것은 사물을 해치는 부덕이다. 부드러움도 내세울 곳이 있고 굳셈도 베풀 곳이 있고, 약함도 쓸 곳이 있고, 강함도 보완할 곳이 있다'고 했다. 즉, 뛰어난 능력만 믿고 업무를 강하게 추진하면 주변 사람들과의 마찰로 인해 결국 부정적인 결과가 돌아올 수 있으니 주변과 조화롭게 업무를 추진해야 한다.

그러기 위해서는 항상 스스로 내 안에 '사나운 개'가 무엇인가를 찾고 제거하기 위해 노력해야 한다. 이를 게을리할 경우 어느 순간 나의 행동으로 인해 주변 사람들에게 피해를 줄 뿐만 아니라 내가 속한 조직을 분열시킬 수도 있기 때문이다. 나 하나의 행동 때문에 회사와 단체 전체에 악영향을 미칠 수도 있다.

특히, 스스로 그 조직에서 인정받고 있다고 느낄 때 조심해야 한다. 주목받고 잘나가고 있을 때 그렇게 행동해도 된다는 유혹에 빠지기 쉽다. 그런 유혹에 빠지는 순간 내 안의 유순했던 개가 점점 난폭해져가고 주변 사람들을 위협할 수 있음을 명심하자.

장수 노릇을 잘하는 자는 무용을 뽐내지 않고, 싸움을 잘하는 자는
노여워하지 않으며, 적을 잘 이기는 자는 다투지 않고,
사람을 잘 부리는 자는 그보다 낮춘다.
이것이 다투지 않는 덕이라 하고, 이것이 사람 부리는 능력이다.

- 노자《도덕경》중에서

가장 믿었던 사람과 결별한 순간이 와도 받아들여야 한다

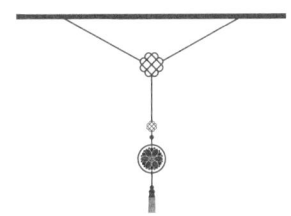

러시아 속담 중에 '곰과 우정을 나누어라. 그러나 언제든지 곁에 손도끼를 준비해두라'는 말이 있다. 그 누구와도 우정을 나눌 수 있지만 상대방이 갑자기 돌변하여 나를 배신할 경우를 미리 대비하라는 의미다.

그러나 우리가 청소년 시절에 친구를 사귈 때 '이 친구가 언제 나를 배신할까?'라는 생각을 하며 만나지 않는다. 그보다는 '어떻게 하면 더 좋은 추억을 쌓을 수 있을까?'를 고민한다. 10대 때 사귀는 친구와 '배신'이라는 단어는 어울리지 않기 때문이다. 물론 의견이 맞지 않아 다투는 경우도 있고, 잠시 어색하게 지낼 때도 있지만 비 온 뒤에 굳어지는 땅처럼 더 친하게 지내는 계기가 된다.

그만큼 모든 것이 불확실하고 답답했던 중고등학교 시절의 친구들은 나의 고민을 들어주는 소중한 존재였다. 어떨 때는 나를 낳아주신 부모님보다 내 고민을 더 잘 이해해주는 경우도 있었다. 그런데 성인이 된 이후부터는 곁에 손도끼를 준비해두지 않으면 친구도 잃고 돈도 잃을 수 있다. 연락이 뜸했던 친구가 갑자기 연락해 와서 수백만 원의 돈을 빌린 뒤 연락이 되지 않거나 주변에서 친구와 사업하다 같이 망하는 경우도 있고 심지어 친구가 돈을 빼돌린 뒤 부도 처리해 수억 빚을 지는 경우도 있다.

왜 그렇게 소중했던 친구들 중 몇몇은 커서 나를 이용하고 배신하는 것일까? 이에 대해 《한비자》는 왕과 신하의 관계를 이용한 고사를 들었다.

――――――― ◆ ―――――――

夫瘨疽之痛也, 非刺骨髓, 則煩心不可支也
非如是, 不能使人以半寸砥石彈之
今人主之於治亦然 非人不知有若則安 欲治其國
非如是不能聽聖知則誅亂臣
亂臣者必重人, 重人者, 必人主所甚親愛也
人主所甚親愛也者, 是同堅白也
夫以布衣之資, 欲以離人主之堅白所愛, 是猶以解左髀說右髀者
是身必死而說不行者也

살에 종기가 생기거나 곪아 터질 경우 뼛속까지 깊숙이 도려내는 아픔을 견뎌야 근본적인 상처를 치료할 수 있다. 아픔을 견디기 힘들어 다른 이에게 짧은 침으로 그 상처를 도려내게 해서는 제대로 치료할 수 없다. 군주가 나라를 통치하는 것 역시 마찬가지다. 나라를 잘 다스리려면 어느 정도의 고통이 필요하다는 것을 모르는 군주는 없다. 그러나 군주가 이 가르침을 제대로 알고 시행하지 않는다면 충신이 간언한다 해도 나라를 어지럽히는 간신을 처단하지 못할 것이다. 통상 간신들은 군주에게 인정을 받고 권력을 행사하는 경우가 많다. 그러기에 군주는 간신들과 서로 친밀한 관계를 유지하기 마련이다. 왕에게 간신을 벌하라고 이야기하고 설득하는 것은 왼쪽 허벅지를 잘라내려고 오른쪽 허벅지를 설득하는 것과 같이 실현 가능성이 낮은 것이다. 그럼에도 불구하고 계속 설득한다면 반드시 죽음에 이르게 될 것이다.

- 34편 외저설. 우상(外儲說. 右上)

왕을 힘들게 하는 신하는 능력과 힘이 부족한 이들이 아니다. 오히려 뛰어난 실력으로 여러 차례 왕에게 신뢰를 받은 이들이다. 그렇기 때문에 왕은 그들의 잘못을 처음부터 알아채기 어렵고 만약 알게 되더라도 지금까지 쌓아왔던 신뢰가 있어 쉽게 벌을 내리기 어렵다.

우리가 지금 살고 있는 사회도 마찬가지다. 나를 속이는 상대는 가끔 얼굴을 보며 인사하는 수많은 직장 동료들 중 한 명이 아니다. 청소년기의 소중했던 친구들처럼 도움을 주고받으며 친하게 지냈던 몇 명 중 한 명이다. 그와는 단순한 이해관계를 넘어섰다고 생각했기 때문에 의심하기보다 믿고 행동한 것이다.

내가 신뢰하는 이에게 배신을 당하지 않으려면 '믿어라. 그러나 확인하라'는 또 다른 러시아 속담에 귀를 기울여야 한다. 결국 내가 배신을 하는 것이 아니라 당하는 것이기 때문에 행동을 할 것인지 말 것인지 선택은 내가 한다. 지금까지 상대방을 전적으로 믿었기 때문에 고민하지 않고 결정했더라도 최종 결정을 내리기 전에 한 번 더 확인하는 과정을 추가하는 것이다.

'확인'이라고 해도 되고 좀 더 명확하게 '의심'이라고 해도 된다. 결국 한 번 더 검증하는 절차를 거치는 것이다. 영화 〈대부(God father)〉에서 "배신에 관해 제일 슬픈 사실이 뭔지 알아? 그건 결코 적으로부터 오는 게 아니라는 거야"라는 대사처럼 만약 검증하는 절차를 거치지 않을 경우 결국 나는 섣부른 결심을 한 뒤 믿었던 이로부터 또다시 배신을 당하게 될 것이다.

또한, 상대방이 한 말이나 행동을 한 번 더 확인할 때 결코 자만해서는 안 된다. 나는 남들과 달라서 누구에게도 속임수를 당하지 않을 것이라고 생각하는 그 순간이 가장 위험하다. 나를 속이려고 하는 사람들은 그 순간을 파고들려고 기다리고 있기 때문이다.

《탈무드》에서도 자만은 죄라고 규정하지 않고 어리석음이라고 할 정도로, 속지 않을 것이라고 자만하는 것만큼 어리석은 것은 없다.

의심과 믿음을 다 참작한 끝에
얻는 지식이라야 참된 지식이다.
- 《채근담》 중에서

우리에게는 모두
각기 다른 재능이 있다

夫物者有所宜, 材者有所施, 各處其宜, 故上下無為

使雞司夜, 令狸執鼠, 皆用其能, 上乃無事

上有所長, 事乃不方

矜而好能, 下之所欺 辯惠好生, 下因其材

上下易用, 國故不治

무릇 어떤 사물이라도 쓰임새가 있는 만큼, 그 쓰임새는 합당한 곳에 사용되어야 한다. 군주 역시 신하들의 재능에 맞게 적재적소의 자리에 임명해야 한다. 새벽이 오면 닭이 울고, 고양이가 쥐를 잡는 것처럼, 신하들이 각자의 자리에서 임무를 제대로 하면 군주는 걱정할 일이 별로 없다. 오히려 군주가 자신의 능력을 과신하고 재능을 뽐내기 좋아하면 이를 악용하는 신하에 의해 속는 경우가 생길 수 있다. 군주가 언변은 좋지만 편협된 부분에만 관심을 가지면 신하는 그것을 이용해 자신의 이익을 취한다. 신하가 해야 할 일을 군주가 개입할 경우 나라는 잘 다스려지지 않고 더 혼란스러워질 수 있다.

- 8편 양권(楊權)

《한비자》는 사람이나 동물, 심지어 사물까지도 각기 쓰임새가 있다는 것을 강조했다. 즉, 회사나 단체에서 각자 주어진 임무를 잘하면 모든 일들이 순조롭게 진행될 수 있다. 그러나 물 흐르듯 업무를 추진하려면 두 가지가 충족되어야 한다. 첫 번째는, 정확한 임무 분장이고, 두 번째는 임무를 수행하는 인원들 간의 시너지 효과가 발생해야 한다.

정확한 임무 분장은 말처럼 쉽지 않다. 회사나 단체의 구성원들이 생활하면서 다양한 불만을 가지고 있는 것 같지만 조금 깊이 들여다보면 본인이 안 해도 되는 일을 하고 있다고 느낄 때 불만이 가장 강하게 표출된다. 굵직하고 중요한 일은 상급자들이 임무를 구분해주기 때문에 문제가 되지 않는다. 그런데 누가 해도 티가 나지 않는 일은 상급자들이 별도로 신경 쓰지 않아도 알아서 잘할 거라 생각한다. 예를 들어, 청소나 복사뿐 아니라 브리핑 발표 장비 준비 또는 출장 관련 예산 서류 작성 등이다.

통상 이런 경우에는 최근에 입사한 신입 직원이 일을 도맡아 한다. 업무시간에 간단히 끝나는 일은 해도 크게 불만이 생기지 않는다. 문제는 퇴근 후 몇 시간씩 걸려 창고 재물조사를 해야 하거나 서류를 정리하는 일 등이다. 2~3명이 함께 하면 30분 내외로 끝날 일을 한 명에게 미루고 퇴근할 경우 남겨져 업무를 하는 사람은 불만이 쌓일 수밖에 없다. 순환제로 하는 것이 아닌 한 명이 계속 일을 도맡아 하게 되면 빨리 퇴근하고 싶어 업무에 집중하지 않을 것이고 결과적으로 그 업무의 완성도 역시 떨어져 회사에도 부정적인 영향을 끼칠 것이다.

이를 개선하기 위해서는 눈에 띄지 않지만 손이 많이 가는 업무들을 최대한 나열해본 뒤 그것들을 순환제로 할 것인지 아니면 한 명에게 전담시킬 것인지를 결정해야 한다. 한 명에게 임무를 전담시킨다면 일과시간 내 마무리할 수 있는 양을 부여해야 한다. 만약, 해야 할 일이 많아 일과시간 후까지 오래 걸릴 경우 추가로 도와서 해야 할 인원을 사전에 지정해야 한다.

두 번째는 임무를 수행하는 인원들 간의 시너지 효과가 발생해야 한다. 시너지 효과는 칼로 무 자르듯 임무를 정량적인 것만으로 나누기보다 구성원들의 능력과 성격 등 정성적인 부분까지 고려할 때 얻을 수 있다. 5명에게 임무를 20%씩 공평하게 부여하면 겉으로는 문제가 없어 보인다. 그러나 5명 중 2명이 업무의 숙련도가 낮아 똑같은 시간에 10%씩밖에 해낼 수 없다면 정해진 시간에 80%만 달성할 수밖에 없다. 이 경우 10%의 임무를 수행한 인원은 임무 달성을 하지 못한 것에 대한 책임이 본인에게 있다고 생각해 미안함과 좌절감을 느낄 것이다.

회사나 단체는 더 앞으로 나아가기 힘들다. 좌절감을 느낀 인원은 다음번 임무를 할 때 자신감 부족으로 기존에 발휘했던 10%의 역량마저 제대로 발휘할 수 없게 된다. 또, 다른 팀원들이 그 빈자리를 메워야 한다. 악순환이 계속 반복되면서 모두에게 불만이 생기는 것이다.

따라서 최초에 임무를 부여하는 인원과 수행하는 인원들 간에 충분한 의사소통을 통해서 정량적 및 정성적인 것들을 고려해 개인별로 적게는 10%에서 많게는 30%까지 임무를 분담할 수 있어야 한다. 그러면 정해진 시간에 100% 임무를 달성하는 것은 물론 각자가 부여된 임무를 수행했다는 것에 대해 만족감을 느낄 수 있다. 숙련도가 부족했던 인원들은 이 과정들을 반복하면서 점차 숙련도를 높일 수 있다. 결국 팀원들 간에 시너지 효과가 나타나는 것이다.

임무를 수행하는 구성원들은 개개인별로 능력과 매력을 갖추고 있다. 다만, 이번에 하는 일에 대한 숙련도에서 서로 차이가 있을 뿐이다. 그런데 처음에 숙련되지 못한 것 때문에 스스로 자존감이 낮아져 자신이 능력이 있음에도 불구하고 확신이 없는 '가면 증후군'에 빠질 경우 동료들과의 시너지 효과를 통해 극복해낼 수 없다. 동료들과 똑같은 재능을 항상 발휘할 필요는 없다. 각기 다른 재능을 가지고 있기 때문이다. 나만의 재능을 보여줄 기회가 왔을 때 확실히 보여주면 된다. 그러다 보면 또 다른 임무를 수행할 때 나보다 낯설어 하는 팀원에게 도움을 줄 수 있는 기회가 올 것이다.

목표를 이루기 위해서는 실제 목표에 다다르기에 앞서 그것을 이뤄내는 당신의 모습을 스스로 그려보아야 한다.

- 지그 지글러

4장

주변 사람들과
잘 지내면서
내가 이루고자
하는 것을
달성하는 방법

韓非子

주변의 평가로
내 가치가 결정되어서는 안 된다

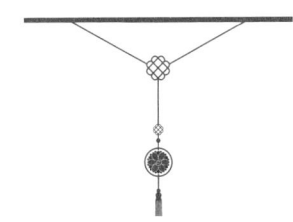

"그 얘기 들었어?"

세간의 화제가 될 만한 사건이 발생하면 어김없이 '음모론'이 등장한다. 누군가 배후에 있고, 다른 목적이 있어 의도적으로 사건을 일으켰다는 식의 주장이다. 의료 및 건강 정보지인 〈헬스조선(2023.2.23.)〉에서는 음모론의 경우 근거 없는 이야기지만 많은 사람들이 믿고, 또 퍼 나르면서 사실처럼 둔갑하게 된다고 했다. 이로 인해 사건 당사자는 물론 사회 전체에 영향을 미치게 된다.

많은 사람들을 스스로 음모론을 믿지 않는다고 생각한다. 그러나 음모론자들이 상세하고 방대한 양의 근거를 제시하면 관심을 갖게 되고 빠져들게 된다. 특히, SNS를 통해 정보를 쉽게 접하게 되면서 누구나 쉽게 음모론을 알고, 그만큼 빠르게 퍼지게 되었다.

음모론의 가장 큰 문제는 진실인지 여부를 판정하기 전에 이야기의 중심인 당사자는 그로 인해 고통을 받는 것이다. 당사자는 억울함을 호소하고 진실을 알리고자 해도 이미 많은 사람들은 소문대로 믿어버린 뒤다. 결국 지금까지 많은 노력을 해서 쌓아왔던 모든 것들이 한순간에 무너지는 경우도 있다. 그래서 일부 연예인들은 음모론이 제기되는 초기부터 경찰과 연계하여 유포자를 찾아내 선처 없이 강력한 법적 조치를 취하기도 한다.

이러한 음모론은 꼭 유명 연예인 등 공인에게만 나타나지 않는다. 우리가 살아가고 있는 사회 곳곳에서 누군가는 여러분의 행동에 대해서 다른 의도로 넘겨짚은 뒤 다른 방향으로 소문을 낼 수 있다. 만약 상대방이 잘못 이해하고 소문을 낸 것이라면 단순 '오해'로 끝날 수 있다. 그러나 상대방이 오해한 것이 아니고 사실을 알고 있음에도 불구하고 악의적인 의도로 잘못된 소문을 퍼뜨렸다면 이 부분에 대해서는 분명히 짚고 넘어가야 하며, 사과를 요구해야 한다.

그러나 가장 큰 문제는 악의적으로 나쁜 소문을 퍼뜨리는 이들이 통상 내가 속한 회사나 단체의 리더 곁에 있는 최측근이라는 것이다. 그들은 어떻게든 나를 깎아내려 상대적으로 본인들이 더 좋은 평판을 얻고자 할 것이다. 《한비자》에서도 권력의 중심 주위에 어리석고 못난 자들이 모여 지혜롭고 현명한 이들의 행동에 대해 부정적으로 평가하는 부분을 우려했다.

人主之左右不必賢也, 人主於人有所賢而禮之,
因與左右論其行, 是與不肖論賢也
智者決策於愚人, 賢士程行於不肖
則賢智之士羞而人主之論悖矣

군주의 주변에는 꼭 지혜로운 신하들만 있는 것이 아니다. 만약 군주가 지혜롭지 못한 신하가 지혜롭다고 여겨 그에게 나라의 중요한 정책을 맡긴다면 분명 잘못된 방향으로 갈 것이다. 능력이 없고 아부만 하는 인원들이 지혜로운 충신들의 직책을 결정하고 행동을 평가한다면 능력 있고 지혜로운 자들은 자괴감을 느끼고 제대로 업무를 추진할 수 없게 된다. 그렇게 되면 군주 역시 잘못된 정책 결정을 내릴 수밖에 없다.

- 11편 고분(孤憤)

이러한 억울함을 이기는 가장 좋은 방법은 경찰이 해당 가해자를 체포하는 것이다. 그러나 구두로만 소문을 냈을 경우 위법 행위 여부를 증명하기 힘들어 흐지부지될 수 있다. 또한 자신들의 죄를 조사하고 있다는 것을 인지한 순간 더 부정적인 분위기를 조성하며 빠져나가려 할 것이다. 결국 이를 극복하는 방법은 나만의 영향력을 키워 회사나 단체에서 소문으로 좌우지되지 않는 존재가 되는 것이다.

물론 영향력을 키우면 키울수록 주변에서 질투하는 것은 물론 기회만 되면 나를 깎아내리려고 하는 이들은 더 많아질 것이다. 그럼에도 불구하고 영향력을 키워 중요 위치에 올라갈 수 있도록 최선의 노력을 다해야 한다.

그렇다면 그 영향력은 어떻게 키워야 하는 것인가? 《1인자를 만든 참모들》에서는 '리더에게 능력이 있음을 직접 인정받음으로써 영향력을 키울 수 있다'고 했다. 어느 회사나 단체에서도 리더의 눈과 귀를 장악하려는 치열한 경쟁이 있다. 그 경쟁에서 가장 중요한 것은 좋은 아이디어를 가지고 있는가보다는 자신의 아이디어를 리더가 '받아들이도록' 만드는 것이다. 만약 리더가 받아들이지 않는다 해도 나의 가치를 제대로 몰라준다고 푸념해서는 안 된다. 치열한 경쟁 속에서 내가 리더를 제대로 설득하지 못했기 때문이다. 나의 가치는 리더가 알아주기 전까지는 단순히 여러 아이디어들 중 하나일 뿐이다.

만약 리더가 나의 아이디어를 받아들였다면 시간이 지나더라도 그 결정이 흔들리지 않도록 지속적인 신뢰를 보여줘야 한다. 그래야만 나의 음모론이 더 이상 뿌리내리지 못한다. 또한, 영향력이 어느 정도 생겼다고 해서 나 역시 리더의 주위에서 다른 사람을 경계하며 험담하지 않도록 스스로 주의해야 한다. 같은 행동을 하면 똑같은 부류일 뿐이다.

당신은 전쟁에 관심이 없을지도 모른다.
그러나 전쟁은 당신에게 관심이 있다.

- 레온 트로츠키

칭찬은 확실하게
비난은 신중하게 하자

'남을 행복하게 해주는 것은 남에게 향수를 뿌리는 것과 같다. 뿌릴 때 자기에게도 향수가 묻어나기 때문이다.'

《탈무드》의 명언 중 하나이다. 《탈무드 잠언집》에서 히브리어의 '쩨다카'라는 용어는 '자선'과 '정의'와 같은 말로 쓰인다고 했다. 영어는 '자선'을 'charity'라고 하는데 그 어원은 '기독교인의 사랑(agape)'이며 '남에게 베푼다'는 의미를 가진다고 한다.

남을 칭찬하는 만큼 내게 복이 돌아온다는 말을 《탈무드》에서는 멋지게 풀이한다. 같은 말도 어떻게 표현하는지에 따라 마음에 와닿는 깊이가 달라진다. 《한비자》에서도 상대방, 특히 스스로 잘한다고 생각하는 자신의 상사를 과감하게 칭찬하는 것의 중요성을 언급하고 있다.

凡說之務, 在知飾所說之所矜而滅其所恥…
彼自多其力, 則毋以其難概之也 自勇其斷, 則無以其謫怒之
自智其計, 則毋以其敗窮之
大意無所拂悟, 辭言無所擊摩, 然後極騁智辯焉
此道所得, 親近不疑而得盡辭也

신하가 자신의 의견을 주장할 때 중요한 것은 군주가 자랑스러워하는 부분은 부각시키고, 불편하게 생각하는 부분은 언급하지 않는 것이다. … 군주가 일을 해결할 수 있는 뛰어난 능력을 가지고 있다면, 옆에서 부정적인 이야기로 그의 심기를 건드려서는 안 된다. 설사 군주가 무리하게 일을 추진하다 문제가 발생한다 하더라도 그 부분을 언급해서 군주를 화나게 해서는 안 된다. 신하가 의견을 주장할 때 유념해야 할 사항은 군주가 생각하는 바를 거스르지 않는 것이다. 군주의 뜻을 거스르지 않은 뒤에야 신하는 자신의 역량을 펼칠 수 있다. 군주에게 신뢰받는 신하는 그제야 소신껏 업무를 추진할 수 있다.

- 12편 세난(說難)

이 글을 읽으면서 처음에는 '리더가 하는 일이라고 무조건 칭찬해야 하나?'라고 생각했다. 그러나 피터 드러커가《미래를 읽는 힘》에서 '상사를 다루는 방법'을 말하며 상사에게도 자극해서는 안 되는 부분이 있는데, 주의해야 하는 것이 단어의 선택이라고 한 부분과 연결시켜 보니 어느 정도 이해가 되었다. 상대의 비위를 맞추려는 것을 영악한 행동이라고 생각하지 말고 필요한 능력을 통해 성과를 얻도록 해야 한다는 것이다. 자신의 뜻이 관철되는 횟수를 높이고자 한다면 특별히 이 점에 유의해야 한다고 했다. 결국 상사를 변화시키려고 해봤자 소용없는 일이다. 상사를 변화시키는 데 성공한 비서는 하나도 없다. 누구나 실패한다. 피터 드러커는 자신의 아내를 변화시킬 수 있었는지 곰곰이 생각해본다면 그 무모함이 이해될 것이라고 말했다.

회사와 단체의 발전을 위해서라면 때로는 상급자에게 쓴소리도 해야 한다. 그러나《한비자》에서는 때를 골라서 언급하기를 권하고 있다. 리더가 소신을 가지고 밀어붙일 때는 다양한 요소를 고려해서 추진하는 것일 것이다. 만약, 그 한 번의 선택으로 회사와 단체의 존립에 문제가 생긴다면 결정의 방향을 바꾸도록 건의를 해야겠지만, 심각하게 영향을 미치지 않는다면 리더의 선택을 존중해주라는 것이다. 오히려 적극 지지해주라는 것이다. 상급자 입장에서는 자신의 뜻을 믿고 지지해준 하급자를 잊지 않는다. 설사 결과가 잘못 나오더라도 다음번 기회가 왔을 때 자신을 지지해주었던 이에게 한 번 더 의견을 물어보고 결정하고자 할 것이다.

《한비자》는 그때를 위해 기다렸던 만큼 기회가 주어졌을 때 소신 있는 의견을 펼침으로써 궁극적으로 리더와 회사를 위해 도움을 줄 수 있다는 것이다.

꼭 상급자와 하급자 간의 관계에서 이 부분을 적용할 필요는 없다. 내 주위의 가족, 친구 그리고 동료들도 마찬가지다. 누군가가 스스로 계획을 세우고 실천하는 것에 대해 자신감을 가지고 추진할 때는 그 행동으로 인해 타인에게 피해가 없다는 전제하에 그 추진력에 대해 인정하며 칭찬하는 것에 인색하지 말자. 주변의 칭찬 한 번이 그에게 큰 동기부여가 될 수 있기 때문이다. 계획상의 허점이 일부 보인다고 지적할 경우 상대방은 의기소침해지고 자존감이 낮아질 수 있다. 자존감이 낮아지면 자존심에 의해 행동하게 된다. 그리고 그 실패의 원인을 찾다 자신의 허점을 지적한 스스로에게 그 화살을 돌릴 수도 있음을 명심하자.

그러면 어떻게 칭찬해야 할까? 무작정 "그 계획 최고다. 멋지다. 하면 성공할 것 같아"라는 표현은 진실성도 느껴지지 않고 때로는 거부감을 주기도 한다. 형식적인 언어 선택이기 때문이다.《하버드 협상 강의》에서는 칭찬은 최고의 무기라며, 칭찬의 기술에 대해서 언급했다.

첫 번째, 반드시 진심을 담아야 한다. 칭찬은 기술인 동시에 상대방으로부터 호감을 이끌어내는 방법이다. 두 번째, 무의식적인 칭찬이 제일 효과가 크다. 의도적이라는 느낌이 드러나지 않아야 한다. 세 번째, 명확하고 구체적으로 칭찬해야 한다. 공허하거나 애매모호하게 하면 오히려 기분이 나쁘다. 마지막으로 칭찬의 범위와 정도를 점점 키우자. 사람들은 단조롭게 하기보다 조금씩 더 많이 받는 칭찬을 선호하기 때문이다. 적시적절한 칭찬으로 사람들과의 관계도 끈끈하게 하고, 자신이 이루고자 하는 것도 이룰 수 있도록 하자.

예스맨이 되라는 말이 아닙니다.
제가 하고 싶은 말은 당신의 상관이 이런저런 정보들을
한자리에서 다 이야기하지 않았기 때문에
그가 바보라는 듯한 암시를 주면 안 된다는 것입니다.
예스맨이 되어서는 안 되겠지만,
아이디어를 전달하는 데 요령이 있어야 한다는 것을
강조하고 싶습니다.

- 에드거 F. 퍼이어 《명장의 코드》 중에서

바른 소리를 하기보다
진심을 다하자

　조선의 22대 왕인 정조와 그를 둘러싼 암살 음모를 다룬 〈역린 (逆鱗)〉이라는 영화가 있다. '역린'은 용의 몸에 붙어 있는 81개의 비늘 중 목 아래에 거꾸로 붙어 있는 비늘 하나로 이것을 건드리면 용이 반드시 쫓아가서 죽인다고 알려져 있다. 용은 동아시아에서 농업과 어업에 영향을 끼치는 기후의 변화와 풍운의 조화를 다스리는 존재로 인식되어왔다. 또한, 우주 만물의 질서를 상징하는 동물로 여겨지면서 제왕의 권력을 상징하는 동물이기도 하다.
　임금을 나타내는 말에도 '용(龍)'이라는 글자가 쓰였는데, 예컨대 임금의 얼굴은 용안(龍顔), 임금이 앉는 자리는 용상(龍床)이라고 했다. 그러한 신성한 존재인 용의 약점 부위인 '역린'은 죽기 싫으면 건드리지 말아야 하는 것이다. 이 '역린'은 《한비자》의 세난

편(說難篇)의 '역린지화(逆鱗之禍)'에서 유래했다.

---◆---

故諫說談論之士, 不可不察愛憎之主而後說焉
夫龍之爲蟲也, 柔可狎而騎也 然其喉下有逆鱗徑尺
若人有嬰之者, 則必殺人
人主亦有逆鱗, 說者能無嬰人主之逆鱗, 則幾矣

신하가 군주의 정책에 대해 의견을 내고자 할 때에는 군주가 어떤 것을 좋아하고 싫어하는지에 대해서 알고 난 뒤에 해야 한다. 용이라는 동물은 성격이 유순해서 잘 길들이면 탈 수 있다. 그러나 사람이 용의 턱밑에 있는 거꾸로 난 비늘인 '역린'을 건드리는 경우 유순했던 용이 화가 나 그 사람을 죽인다. 군주에게도 '역린'이 있다. 따라서, 신하가 군주의 정책에 대해 옳은 의견을 내고자 할 때에는 군주가 생각하는 '역린'을 건드려서는 안 된다.

- 12편 세난(說難)

---◆---

《한비자》는 '역린'을 비유로 들어 신하는 군주가 싫어하는 것은 말도 꺼내지 말라고 조언했다. 신하의 입장에서는 건의하는 내용이 의미가 있고 군주에게 도움이 된다고 생각하나 군주는 듣기 싫

어하는 이야기를 언급하는 순간 그 신하가 본인을 무시하거나 도전하고 있다고 생각할 수 있다. 신하 입장에서는 억울할 수 있지만 주도권은 군주에게 있음을 명심하고 행동해야 한다. 옳고 그름을 논하는 자리가 아닌 군주가 그 이야기를 받아들이느냐 아니냐의 문제이기 때문이다.

리더에게 인정받고 조직생활을 안정적으로 하고 싶다면 리더의 선호도뿐 아니라 업무를 추진하면서 실수할 수 있는 여러 가지 조그맣고 세세한 것까지 인지하고 놓치지 말아야 한다. 리더가 정말 싫어하는 것은 굳이 들춰내지 말고 고민해서 다른 해결책을 낸 뒤 리더를 설득해야 한다. 이것은 처세술의 한 방법이기도 하다.

리더뿐 아니라 누구나 자신이 별로 듣고 싶지 않은 말을 면전에서 하는 것을 좋아하는 사람은 없다. 인간관계를 위해서는 내가 하고 싶은 말보다는 상대가 듣고 싶어 하는 말을 하는 것이 좋다. 물론 상대에게 아부를 하라는 말이 아니다. 직설적이고 훈계하는 말보다는 우회적으로 말하거나 권유하는 투의 말로 부드럽게 순화해 말하는 것이 한 방법이다. 또한 상대에게 함부로 조언하는 말을 하는 것도 관계를 틀어지게 할 수 있다. 완벽한 사람은 없기에 자신의 조언이 상대에게는 자칫 '너는 얼마나 잘하는데'라는 반응을 얻을 수 있기 때문이다.

상대의 마음을 헤아리고 진심을 다하는 태도는 언제나 좋은 결과를 불러올 수 있다. 영화 〈역린〉에서도 정조는 신하들에게 이렇게 말한다.

❖

작은 일도 무시하지 않고 최선을 다해야 한다.
작은 일에도 최선을 다하면 정성스럽게 된다.
정성스럽게 되면 겉에서 배어 나오게 되고,
겉에 배어 나오면 겉으로 드러나고,
겉으로 드러나면 이내 밝아지고, 남을 감동시키고,
남을 감동시키면 이내 변하게 되고, 변하면 생육된다.
그러니 오직 세상에서 지극히 정성을 다하는 사람만이
세상을 변하게 할 수 있는 것이다.

- 《중용》 23장 중에서

화려함에 끌려가면
쉽게 속아 넘어가게 된다

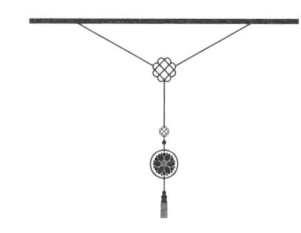

竽也者, 五聲之長者也, 故竽先則鐘瑟皆隨, 竽唱則諸樂皆和
今大奸作則俗之民唱, 俗之民唱則小盜必和
故 服文采, 帶利劍, 厭飮食, 而貨資有餘者, 是之謂盜竽矣

우(竽)는 다섯 소리 중 가장 먼저 울린다. 이 소리가 울리면 종이나 현악기가 연주를 시작하며, 이후에 다른 악기들도 소리를 낸다. 만약 우리가 사는 삶 속에서 일반 백성들을 현혹시키는 '우(竽)'와 같은 행동을 하는 자가 있다면 백성뿐 아니라 일부 사회를 어지럽히는 이들마저 무작정 따를 것이다. 이는 마치 '우(竽)' 소리가 울리면 다른 악기들이 연주를 시작하는 것과 같다. 이처럼 '모든 사람들의

시선을 끄는 멋진 옷을 입고, 큰 칼을 차고, 재산이 많아 부유하게
지내는 자는 사회를 어지럽히는 자들의 우두머리'라고 한다.

- 20편 해로(解老)

◆

'우'는 중국의 음계 '궁상각치우' 중 하나다. 많은 사람들이 '궁상각치우' 5음계가 우리나라의 음계라고 생각하지만, 엄밀하게 이야기하면 중국에서부터 유래된 것이다. 우리나라의 국악은 12음률로 되어 있다. 《세종실록》에 기록된 고대 악보인 '율자'의 12율명은 지금도 변함없이 악보의 기본 명으로 사용하고 있다. '궁상각치우'는 서양의 음계와 쉽게 비교하면 '도레미솔라'라고 할 수 있다. 그중 '우'라는 소리가 가장 높고 잘 들리기 때문에 으뜸이라고 했던 것 같다.

《한비자》는 음계를 통해 가장 잘 들려 주목이 잘 되는 소리에 현혹되어서는 안 된다는 것을 강조하고자 했다. 화려한 것에 현혹되면 누군가는 이것을 악용해서 이익을 취하기 마련이다. 뉴스에서 종종 유명한 연예인들을 모델로 앞세워서 수많은 사람들에게 투자금을 받아 사기를 치고 잠적하는 것을 접할 때가 있다. 가지고 있는 돈을 투자해서 더 많은 돈을 벌고자 하는 사람들은 수많은 투자사들 중 언론을 통해 자주 접했던 연예인이 홍보를 하고 권유한다면 더 신뢰가 가기 때문에 어렵지 않게 선택할 것이다.

위험이 높은 만큼 고수익이 보장된다는 'High Risk, High Return'에 대해서 많이 들어보았을 것이다. 너무나 당연한 이야기지만, 투자자들은 투자할 때 'High Retun'만 생각하지 'High Risk'는 애써 외면한다. 신뢰가 가는 연예인, 높은 이익을 약속하는 투자사, 주위의 권유 등을 고려할 때 확신이 들었기 때문이다. 이런 투자에 동참하는 사람들 중 일반인들도 있지만 의사나 교수 등 전문직인 분들도 있다. 그들만의 네트워크를 통해 들은 고급 정보인 만큼 더 믿고 투자한다. 물론 투자가 성공해서 더 많은 이익으로 되돌아오면 좋겠지만 투자회사에서 처음부터 사기를 목적으로 현혹했다면 소중한 투자금은 모두 사라지고 만다.

그렇다면 왜 그런 일이 오래전부터 계속 반복되어서 나타남에도 불구하고 사람들은 계속 사기를 당할까? 이는 사기꾼들이 어떻게 하면 화려한 입담과 계획으로 사기를 칠 것인가를 철저히 계획하고 실행하기 때문이다.

나폴레옹은 '전투에서 승리하는 방법은 적의 측면을 공격함으로써 적을 뒤집어 놓는 것이다'라고 했다. 사기 치는 사람들 입장에서 이 사기행각은 전투다. 그들은 우리에게 너무 소중한 결혼 자금 또는 주택 구입 자금, 부모님 병원비 등 목돈을 수년이 아닌 1년 안에 두 배로 만들어 줄 수 있다고 유혹한다. 우리는 이것만 해결되면 걱정했던 부분이 사라지고 삶이 좀 더 풍요로워질 수 있기 때문에 솔깃할 수밖에 없다.

물론 처음에는 보수적으로 접근할 것이다. 그 목돈이 없어질 경우 나락으로 떨어질 수 있기 때문이다. 그러나 직장생활로 벌 수 있는 돈은 정해져 있고, 기간이 지날수록 준비해야 하는 돈이 더 늘어날 거라는 불안감을 교묘하게 파고들며 '지금 놓치면 더 좋은 투자 기회가 없다'라는 말을 통해 우리의 생각을 뒤집어 놓고 결국 투자를 하게 되는 것이다.

그럼, 이 화려함에 끌려가지 않기 위해서는 어떻게 해야 할까? 우리도 삶이 전투라고 생각하고 접근해야 한다. 병법서인《육도》에서는 '적이 아군의 내부 사정을 알고 아군의 계획 의도를 알 때는 어찌 대처해야 하는가? 승리하기 위해서는 먼저 적정을 은밀히 살펴 취약점을 알아낸 뒤 신속히 유리한 형세에 적이 전혀 예상치 못한 것을 쳐야 한다'고 했다. 즉, 나를 제대로 파악하고 접근하는 상대방이라면 우리 역시 상대방에 대한 정보를 좀 더 수집할 필요가 있다.

유명 연예인이 홍보모델인 것도 그리고 소수만 공유하는 정보인 것도 진짜가 아니라고 생각해야 한다. 지금까지 그 회사가 제대로 된 투자를 해서 수익을 보장한 적이 있는가? 알려주지 않았지만 피해를 보았던 사람이 있는지, 투자의 실체는 있는지 등을 따져봐야 한다. 특히, 누구보다 고수익을 보장해준다는 곳에서 나에게 수시로 연락이 온다면 더더욱 의심해봐야 한다. 그 과정에서 의심 가는 부분이 있다면 묻고 확인하는 과정을 거쳐야 한다. 그래야 화려함을 걷어내고 실체에 접근할 수 있다.

독을 파는 자가 꽃으로 장식한 화려한 간판을 내건다.

- 헝가리 속담

해만 바라보고 걷다 보면
조그마한 돌에도 걸려 넘어질 수 있다

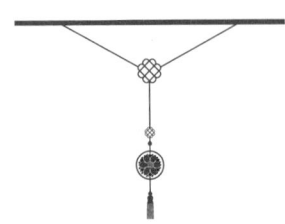

해바라기는 중앙아메리카 지역이 원산지로 콜럼버스가 아메리카 대륙을 발견한 뒤 다른 대륙으로 전파된 것으로 알려져 있다. 향일화(向日花) 또는 조일화(朝日花)라고 불리는데 해를 따라 움직이는 꽃의 양태를 반영한다. 그리스 신화에서는 태양의 신 아폴론을 사랑한 요정 크리스티가 자신의 사랑을 받아주지 않자 그저 바라만 보다 그대로 꽃이 됐다는 이야기가 전해진다. (강원도민일보, 2011.8.4.)

이런 해바라기의 특징 때문인지 우리는 권력에 지나치게 매달리고 입신양명에만 집착하는 사람을 '해바라기형 인간'이라고 한다. 이러한 사람 주변에는 적들이 많을 수밖에 없다. 《한비자》는 권력자만 바라보며 주변 사람을 고려하지 않고 행동할 경우 언제든지 사람들에 의해 외면당할 수 있음을 경고했다.

陳軫貴於魏王

惠子曰 必善事左右

夫楊, 橫樹之即生, 倒樹之即生, 折而樹之又生

然使十人樹之而一人拔之, 則毋生楊

至以十人之衆, 樹易生之物而不勝一人者, 何也?

樹之難而去之易也

子雖工自樹於王, 而欲去子者衆, 子必危矣

위나라 혜왕이 신하 전진을 총애하자, 또 다른 신하인 혜시가 전진에게 말했다. "어떤 일이 있어도 왕의 주변에 있는 인원들과도 잘 지내시오. 버드나무는 옆으로 심어도, 거꾸로 심어도, 꺾어서 심어놔도 죽지 않고 산다고 합니다. 그러나 열 명이 심는다 해도 한 명이 뽑아버린다면 결국 그 버드나무는 말라 죽고 말 것이오. 어떻게 심어도 살 수 있는 버드나무를 열 명이 심었는데도 결국 죽는 이유는 무엇이라고 생각하시오? 우리가 나무를 심는 것보다 뽑아버리는 것이 더 쉽기 때문이오. 전진 당신은 지금 왕에게 신뢰를 받고 있소. 이는 버드나무처럼 잘 심어진 것이라 생각하오. 다만, 주변에 있는 자들 중에서 당신의 행동이 거슬려 없애버리는 자가 생긴다면 위험해질 수 있음을 명심해야 하오."

- 22편 설림.상(說林. 上)

◆

같은 동료들보다 뛰어난 능력을 갖추고 있다면 상급자에게 인정받는 것은 당연하다. 그러나 인정받은 그다음부터 어떻게 행동하는가가 더 중요하다. 능력자 주위에는 그러한 모습을 보며 부러워하거나 질투하는 이들이 많다. 그리고 기회만 주어진다면 본인들도 상급자에게 인정받고 싶어 한다. 만약 다음번에도 본인들이 인정받지 못하고 지난번과 똑같은 동료가 인정받을 경우 '저 사람 때문에 내가 인정을 받지 못하네' 또는 '저 사람만 없어지면 좋을 텐데'라는 생각을 하게 된다.

이처럼 능력이 뛰어난 사람은 주변 사람들에게 어떠한 불편한 행동을 하지 않아도 적들이 많아진다. 다만, 그들에게 피해를 주는 행동을 한 적이 없기 때문에 속으로만 질투할 뿐 겉으로 드러내놓고 표현하지는 못한다.

그런데 능력이 뛰어난 사람이 주변을 불편하게 한다면 어떻게 될까? 상급자에게 인정을 받기 때문에 주변 동료들의 시선을 의식하지 않아도 된다고 생각하는 '해바라기형 인간'은 어느 회사나 단체에 존재할 수 있다. 만약 그들이 주변 동료들을 존중하지 않는 것은 물론 무시하는 듯한 행동을 한다면《한비자》에서 언급한 것처럼 그와 같이 생활하며 불편함을 겪는 사람들이 서로 달려들어 나무 뽑듯 뽑아버리려 할 것이다.

만약 운 좋게 여러분이 능력자의 위치에 있다면 주변 동료들이 질투하고 경멸하지 않도록 하는 것이 가장 중요하다. 항상 해만 바라보고 걷게 되면 주변의 작은 장애물이 보이지 않아 조그마한 돌에도 쉽게 걸려 넘어질 수 있음을 명심하자. 즉, 지금 내가 인정받고 있다고 또는 크고 중요한 일을 하고 있기 때문에 주변 사람들에게 말이나 행동을 편하게 해도 된다고 생각하면 위험하다.

결국 여러분에 대한 평가는 '능력'뿐 아니라 '인성'도 중요한 부분을 차지하기 때문이다. "능력은 좋은 것 같은데, 인성이 영 별로야"라는 소문이 퍼지면 결국 여러분이 그렇게 충성했던 상급자도 점차 여러분을 멀리하게 될 것이다. 상급자는 '능력'을 갖춘 여러분에 대해 부정적으로 이야기하는 한두 명의 말은 흘려들을 수 있다. 그러나 여러 명이 지속적으로 주변 동료들에게 함부로 대하는 '인성'에 대해 언급한다면 분명 여러분을 다시 보게 될 것이다. 그리고 어느 순간에 자신에게도 그렇게 행동할 수 있다고 생각하는 순간 '해바라기형 인간'은 어느덧 뽑힌 나무가 되고 말 것이다.

또, 여러분이 아직 능력자가 아닌 질투하거나 부러워하는 입장에 있다면 무작정 '해바라기형 인간'을 싫어하기보다 그들이 능력을 어떻게 발휘하는가를 유심히 지켜볼 필요가 있다. 때로는 질투라는 두꺼운 눈꺼풀 때문에 능력자들이 인정받는 노하우를 제대로 보지 못하는 경우가 있기 때문이다. 능력 있는 동료 앞에서는 제대로 이야기하지 못하면서 뒤에 모여 험담하거나 깎아내리려고 하기보다 노하우를 제대로 보고 습득하는 데 시간을 투자한다면 점차 나도 능력을 인정받는 사람 중 한 명이 될 수 있을 것이다. 단, 그때도 '해바리기형 인간'이 되기보다는 '능력'과 '인성'을 모두 갖춘 사람이 되기 위해 부단히 노력해야 한다. 그러기 위해서는 주변을 천천히 둘러보며 같이 걸어갈 수 있는 여유를 가질 필요가 있다.

'창의'란 자기만 튀는 자가 아니라
조직 전체가 발전할 수 있도록 기여하는 일이다.

- 전옥표 《이기는 습관》 중에서

너무 앞서가는 것은 센스가 아닌 자기 과시일 뿐이다

"누가 기침 소리를 내었는가?"

KBS 대하드라마 〈태조 왕건〉의 등장인물 중 하나였던 '궁예'의 명대사로 2000년에 방영했음에도 불구하고 아직까지 인터넷에 돌아다니는 밈 중 하나다. 신라 왕실의 서자 출신이었던 궁예는 승려가 된 후 후고구려를 건국했다. 그는 '관심법'을 통해 남의 생각을 읽어내는 능력을 가지고 있다고 주장하며 자신의 왕권에 도전하는 사람을 지목한 뒤 죽이는 데 사용했다.

사실 '관심법(觀心法)'이란 불교의 마음 수련법 중 하나로 자신의 내면을 들여다보고 성찰해 본래 자신의 마음자리로 돌아가는 것을 말한다. 그런데 궁예는 이 '관심법'을 통해 자신뿐 아니라 타인의 마음도 읽을 수 있다고 하며 왕권을 강화하는 데 사용한 것이다.

궁예가 실제로 '관심법'에 능통했는지는 알 수 없다. 그러나 신하들 입장에서 생각해보면 궁예가 바라볼 때마다 왠지 자신의 마음을 꿰뚫어 보고 있다고 생각해서 항상 두려웠을 것이다. 궁예가 언급한 '관심법'은 사실 상대의 생각이나 감정을 알아내는 방법인 '독심술(讀心術)'을 의미한다. 다른 사람의 표정, 텔레파시, 육감 등으로 상대의 생각이나 감정을 알아내는 것이다.

우리 주변에 상대방이 생각하는 것을 먼저 알고 행동하는 경우 '독심술'을 사용한다고 말하기보다 통상 '센스 있는 사람'이라고 한다. 그리고 이런 센스 있는 사람들은 인기도 많다. 그러나 이 센스가 너무 과하면 상대방이 불편해할 수 있다.《한비자》에서는 스스로 센스를 조절하는 것이 얼마나 중요한가에 대해서 언급했다.

隰斯彌見田成子, 田成子與登台四望

三面皆暢, 南望, 隰子家之樹蔽之

田成子亦不言

隰子歸, 使人伐之 斧離數創, 隰子止之, 其相室曰 何變之數也?

隰子曰 古者有諺曰 知淵中之魚者不祥

夫田子將有大事, 而我示之知微, 我必危矣

不伐樹, 未有罪也 知人之所不言, 其罪大矣

乃不伐也

제나라 신하인 습사미가 당시 많은 권력을 가진 전성자를 만날 기회가 있었다. 전성자는 눈가에 습사미와 함께 올라 주변 경치를 둘러보았다. 대부분 트여 있어 전망이 좋았으나 남쪽 지역만 높은 나무들이 많아 잘 보이지 않았다. 전성자는 나무에 대해 별도로 언급하지 않았으나 습사미는 돌아와 사람을 시켜 나무들을 베도록 했다. 사람들이 도끼로 몇 차례 내리치자 습사미는 그 일을 중단시켰다. 왜 멈추는지 묻자, 습사미는 "예로부터 '깊은 연못 속의 물고기를 눈으로 다 들여다볼 수 있는 사람은 불길하다'는 말이 있다. 최근 전성자는 더 큰 권력을 갖기 위해 계획 중인데 내가 그의 은밀한 마음까지 읽어내는 것처럼 행동한다면 분명 내 안위가 위태로워질 것이다. 나무를 베지 않는다고 해서 죄를 물을 수는 없지만, 그가 말하지도 않은 것을 알아서 행동했다는 것을 알게 될 경우 그 죄는 심각할 것이다. 그래서 베지 못하게 하는 것이다."

- 22편 설림. 상(說林. 上)

습사미는 분명 센스 있는 사람이다. 어쩌면 '독심술'을 가지고 있는 경지에 이르렀을지도 모른다. 그러나 더 중요한 것은 그가 보유하고 있는 능력만큼 이를 숨기는 것의 중요성을 알고 실천했

다는 것이다.

　상대방에 대한 관심이 많으면 상대방이 굳이 말하지 않아도 그 의도를 알 수 있다. 그러한 센스를 많이 가지고 있는 것은 절대 나쁜 것이 아니다. 다만, 알고 있는 것을 있는 그대로 표현할 때 문제가 된다. 상대방 입장에서는 자신의 불편한 점을 일부 해소해주는 정도의 센스가 아닌 내가 하려고 하는 행동의 의도를 대부분 알고 있다는 느낌이 들면 불쾌할 수 있다. 마치 궁예의 신하가 느끼는 감정과 크게 다를 바 없는 것이다.

　문제는 그들이 궁예의 신하가 아니라는 것이다. 내 동료일 수도 있고 상급자가 될 수도 있다. 그들이 그런 불쾌한 느낌을 가질 경우 나의 센스는 오히려 독이 되어 되돌아온다. 그런 과한 센스는 결국 자기 과시에 불과한 것이다.

　이를 위해서는 "자기 혀한테 '모른다'는 말을 열심히 가르쳐라"라는 《탈무드》 내용을 항상 기억하고 실천해야 한다. 머릿속에 무언가 떠오르면 사람들은 어떻게든 표현하고 싶어 한다. 주변 사람들로부터 인정받을 수 있는 기회라고 생각하면 더 그럴 수 있다. 그러나 알고 있다고 생각하는 것이 나만의 착각일 수 있다. 그럴 경우 가벼운 사람 취급을 받을 수 있고, 실제 알고 있는 내용이라고 해도 상대방은 자신보다 앞서 언급한 것에 불쾌할 수도 있다. 상대방 앞에서 무엇인가를 알고 있다고 이야기하는 것보다 차라리 '모른다'고 이야기하는 것이 나와 상대방 모두에게 더 좋다. 만약 상대방이 의견을 물어본다면 그때 내가 아는 범위 내에서 이야기해도 늦지 않기 때문이다.

　결국 많이 알고 있다 하더라도 상대방에게 내가 알고 있음을 알아차리지 못하도록 하는 것이 중요하다. 마치 습사미가 나무를 베려고 하다가 멈춘 것과 같은 행동을 해야 한다. 의도를 모르고 상대방의 일에 동의를 하는 것과 의도를 알고 있지만 겉으로 드러내지 않고 동의를 하는 것은 분명히 결이 다르다. 상대방이 필요로 할 때 필요한 만큼만 센스를 보여준다면 상대방으로부터 센스 있는 멋진 사람이라는 소리도 들을 수 있을 것이다.

　진정으로 열정적인 사람들은 열정을 겉으로 드러내지 않는다.
　열정을 가슴속에 간직한다.

- 에릭 슈미트

이미지 메이킹만 신경 쓰면
모래성 쌓기가 될 수 있다

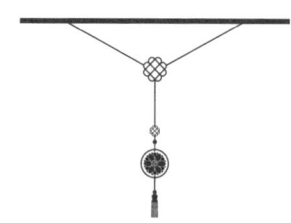

'메라비언의 법칙(The Law of Mehrabian)'은 한 사람이 상대방으로부터 받는 이미지는 시각이 55%, 청각이 38%, 언어가 7%에 이르는 법칙이다. 캘리포니아대학교 로스엔젤레스캠퍼스(UCLA) 심리학과 명예교수인 앨버트 메라비언이 약 50여 년 전인 1971년에 출간한 저서 《Silent Messages》를 통해 주장했다. 즉, 대화할 때는 시각과 청각 이미지가 가장 중요하다는 것이다.

시각 이미지는 자세, 용모와 복장, 제스처 등 외모적으로 보이는 부분을 말하며, 청각은 목소리의 톤이나 음색(音色)처럼 언어의 품질을 말하고, 언어는 말의 내용을 말한다. 이 이론에 따르면 대화를 통하여 상대방에 대한 호감 또는 비호감을 느끼는 데에서 상대방이 하는 말의 내용이 차지하는 비중은 7%로 그 영향이 미미하다. 반면에 말을 할 때의 태도나 목소리 등 말의 내용과 직접적으로 관계가 없는 요소가 93%를 차지하여 상대방으로부터 받는 이미지를 좌우한다는 것이다. 이 법칙은 짧은 시간에 좋은 이미지를 주어야 하는 직종의 사원교육으로 활용하기도 한다.

　사람들을 만나서 대화하다 보면 메라비언 교수가 주장했던 것처럼 깔끔한 외모나 멋진 목소리 등에 끌려 호감을 갖게 되는 경우가 많다. 많은 사람들은 다른 사람들에게 그렇게 기억되기를 희망한다. 이처럼 다른 사람들이 호감을 느낄 수 있도록 외모와 목소리 등에 관심을 기울이는 것을 '이미지 메이킹(image making)'이라고 한다. 즉, 다른 사람이 어떤 대상을 보거나 생각할 때 갖게 되는 인상을 의도적으로 만들어 내는 것이다. 요즘에는 많은 사람들이 이에 대해 관심을 가지고 있지만 어떻게 해야 할지 잘 몰라 개인별 이미지를 분석하고 조언해주는 관련 자격증이 생겨날 정도이다.

　'이미지 메이킹'은 분명 상대방에게 호감을 주는 것인 만큼 중요하다. 그러나 다른 사람들이 보는 바깥 부분에만 집중하고, 그 속에 감춰진 속 부분을 소홀히 하면 언제 무너질지 모르는 모래성이 될 수 있다.《한비자》에서도 구멍이 생긴 벽을 메꾸려 하지 않고 벽에 색을 칠하는 데만 신경 쓰는 것은 어리석은 행동임을 강조했다.

夫人主不寒隙穴而勞力於赭堊, 暴雨疾風必壞

不去眉睫之禍而慕賁育之死,

不謹蕭牆之患而固金城於遠境

不用近賢之謀而外結萬乘之交於千里, 飄風一旦起

則賁育不及救, 而外交不及至, 禍莫大於此

當今之世, 為人主忠計者, 必無使燕王說魯人

無使近世慕賢於古, 無思越人以救中國溺者

如此, 則上下親, 內功立, 外名成

만약 군주가 벽에 구멍이 생긴 것을 알고도 벽의 색깔만 덧칠하는 데 관심을 둔다면 폭우와 강풍이 올 경우 벽은 무너지고 말 것이다. 즉, 바로 앞에 있는 문제점을 해결하지 않고 눈앞에 있는 재앙을 제거하지 않는다면 맹분(전국시대 진나라 장사)이나 하육(춘추시대 위나라 장사)이라 하더라도 그 위기를 극복하지 못하고 생명을 잃을 수 있다.

내 주변에 직접적으로 영향을 미치는 문제를 해결하려 하지 않고, 크게 상관없는 일을 해결하려고 하는 것은 내게 도움이 되는 이들의 충언은 듣지 않으면서 천 리 밖의 다른 나라의 이야기에만 관심을 갖는 것과 같다. 이러한 상황에서 위기가 닥치면 맹분과 하육도 해결할 수 없을 것이며 주변에 그동안 교류했던 나라에도 도움을 받을 수 없으니, 이보다 더 큰 재앙은 없다.

- 27편 용인(用人)

　우리는 요즘 상대방을 직접 만나기 전에 통상 SNS를 통해 먼저 알게 된다. 상대방이 올린 사진으로 그가 어떤 사람인지 유추하기도 한다. 그러다 보니 지금은 그 무엇보다 SNS를 통해 나라는 사람을 이미지 메이킹한다. 결국 사람들은 사진을 올릴 때 다른 이들이 호감을 가질 만한 멋진 차량, 옷, 가방, 신발 등을 보여주고자 한다. 실제로 그런 모습을 보면서 멋진 사람 또는 더 가까워지고 싶은 사람으로 인식할 수 있다. 분명 SNS에서도 '메라비언의 법칙'이 통하는 것이다.

　깔끔한 외모와 목소리, SNS 등은 분명 한두 번 만나는 사람들에게 좋은 호감을 줄 수 있다. 그러나 지속적으로 만나는 관계가 된다면 다르게 접근해야 한다. 다른 사람에게 보여지는 '이미지 메이킹'뿐 아니라 내면에 있어 감춰져 있던 나만의 매력을 보여줄 수 있어야 한다. 그렇다면, 나만의 매력은 구체적으로 무엇이고 어떻게 보여줘야 하는가?

　나만의 매력은 그동안 '메라비언의 법칙'에서 7%로 무시(?)당했던 언어에서 찾아야 한다. 첫 만남이 아닌 지속적으로 만나는 상대방은 이제 익숙해진 내 외모나 목소리보다 내용에 집중하기 때문이다. 내가 어떠한 가치관을 가지고 삶을 살아가고 있는지, 특정 이슈에 대해 어떻게 생각을 가지고 있는지 등에 대해 관심을 가질 것이다. 그때 나만의 색깔을 명확히 보여주어야 한다.

서로 대화를 하면 할수록 서로 도움이 된다고 느끼게 해주어야 한다. 만약 잘 모르거나 거짓말을 이야기하는 것이 들통나면 그동안 내게 가지고 있던 호감도는 빠르게 식어갈 것이고 결국 관계는 단절되고 말 것이다. 결국 사회에서의 관계는 만나면 만날수록 서로 시너지 효과를 낼 때 그 관계가 지속될 수 있기 때문이다.

말도 아름다운 꽃처럼 그 색깔을 지니고 있다.

- 어니스트 리스

항아리 속 젤리의 숫자를 맞추는
집단지성의 힘을 믿어야 한다

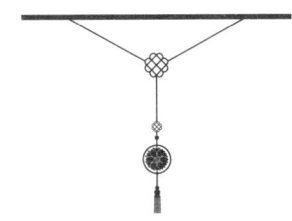

항아리 속에 있는 젤리를 맞추는 실험(Beans in the jar)이 있다. 젤리가 가득 담긴 유리 항아리를 여러 사람에게 보여주고, 이 항아리 속에 들어 있는 젤리의 개수를 맞추는 것이다. 사람들은 각자 나름의 방식으로 젤리의 수를 추측했지만 정확한 답을 맞히지는 못했다. 하지만 실험을 주관하는 사람들이 비록 틀린 답이지만 개개인이 푼 답의 평균을 구해봤다. 그 결과 놀라운 사실을 발견했다. 항아리 속에는 2,845개의 젤리가 들어 있었는데, 이 숫자는 놀랍게도 사람들이 제시한 답의 평균과 거의 일치했다.(최현식, 《2030 인재의 대이동》)

이는 '집단지성(collective intelligence, wisdom of crowd)'의 중요

성을 알려주는 유명한 실험 중 하나다. 집단지성이라는 개념은 1910년도에 하버드 대학교수이자 곤충학자인 윌리엄 모턴 휠러가《개미: 그들의 구조·발달·행동》이라는 출판물에서 하나하나의 개체로는 미미한 존재인 개미가 군집을 이루면서 높은 지능체계를 형성한다는 관찰을 바탕으로 제시된 것이다. 이 개념에 대해 비판하는 일부 학자들의 의견도 있지만 한 사람의 독단적인 의견보다는 전체의 의견을 듣고 수렴하는 과정이 중요하다는 것을 알 수 있다.

《한비자》는 이 '집단지성'과 관련해서 상대방을 화살로 공격할 때 한 방향으로만 고집하기보다 다양한 방향에서 공격을 할 수 있어야 성공할 수 있고, 방어를 할 때는 반대로 어느 방향에서 화살이 오더라도 막을 수 있도록 해야 한다고 했다.

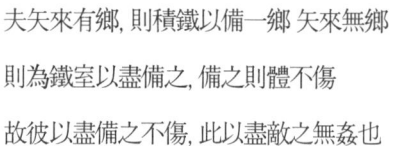

夫矢來有鄕, 則積鐵以備一鄕 矢來無鄕
則爲鐵室以盡備之, 備之則體不傷
故彼以盡備之不傷, 此以盡敵之無姦也

만약 내게 화살이 날아오더라도 일정한 방향에서 올 경우 화살이 뚫을 수 없도록 그 방향에 쇳덩이를 쌓으면 해결할 수 있다. 그런데 화살이 날아오는 방향이 일정하지 않다면 어떤 방향에서 오더라도 막을 수 있도록 쇠로 된 방을 만들면 안전할 수 있다. 미리 알고 대비할 수 있으면 다치지 않는다. 내게 위협을 미치는 요인을 사전에 제거한다면 안전할 수 있듯이 신하들의 간사함도 미리 알고 대비한다면 휘둘리지 않고 올바른 결정을 내릴 수 있다.

- 30편 내저설. 상: 칠술(內儲說. 上: 七術)

◆

상대 팀과 경쟁을 할 때 한 사람이 강한 리더십으로 한 방향으로 이끌어 나가는 것이 효율적일 때가 많다. 그러나 다른 사람들의 의견들을 듣는 과정 없이 독단적으로 결정하고 있다면 점점 화살을 상대방에게 한 방향으로만 공격하는 것과 같게 된다. 이 공격이 반복된다면 상대방에게 우리의 공격 의도를 쉽게 간파당해 결국 패하고 말 것이다.

분명히 계획을 세울 때 최적의 안이 존재한다. 그러나 최적의 안에 포함되어 있지 않은 다양한 우발 상황이 있다. 하나의 계획에만 집중하고 다른 계획들에 대해 고민하지 않을 경우 또 다른 상황이 발생하면 대처하기 어렵다. 따라서 구성원들이 다양한 시각에서 제시하는 여러 의견을 짚어보는 과정이 반드시 필요하다.

그 과정은 단순한 의견 참고로만 끝나서는 안 된다. 그 상황이 되면 실행에 옮길 수 있도록 구체화된 계획으로 작성해야 한다. 그래야 공격할 때 다양한 방향으로 상대방에게 화살을 쏠 수 있고, 방어

할 때는 상대방이 어느 방향에서 화살을 쏘더라도 막아낼 수 있다.

물론 하나의 계획에만 집중해도 능력과 시간이 부족한데 어떻게 다양한 계획까지 고려할 수 있는지 의문을 제기할 수 있다. 일견 타당성 있는 의견이다. 하나의 상황에 여러 가지 계획을 동시에 수행할 수는 없기 때문이다. 이를 보완하면서 '집단지성'의 힘을 발휘하기 위해서는 두 가지를 고려해서 실행할 필요가 있다.

첫째, 최적의 계획을 세울 때 세부 계획들에 다양한 의견을 반영하는 것이고, 둘째, 획기적이지만 같이 반영하기 어렵다면 별도로 작성한 뒤 가중치를 다르게 반영하는 것이다. 기존 안과 새로운 계획의 비중은 최초 8:2 또는 7:3 정도일 것이다. 그러나 다양한 변수로 인해 상황이 바뀔 경우, 즉 예상치 못한 방향에서 화살이 날아올 경우, 새로운 계획의 비중을 높힘으로써 대비하는 것이다. 이 가중치에 변화를 줄 때 역시 항아리 속 젤리의 숫자를 맞추는 과정을 거친다면 부작용을 최소화할 수 있을 것이다.

자만 바이러스에 감염되지 말라.

혼자 할 수 있다는 생각을 버려라.

오만과 아집은 패배와 망조의 전령이다.

- 이철희《1인자를 만든 참모들》중에서

상대방을 외모와 직책에 따라
다르게 대하는 것이 가장 어리석다

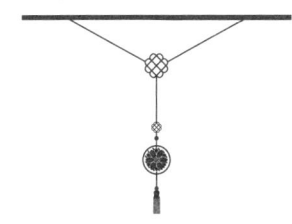

《공정하다는 착각》에서는 미국 프로야구선수 중 가장 위대한 투수 '놀란 라이언'이 역대 최다 탈삼진 타이틀을 갖고 있으며 명예의 전당에 첫 번째로 오른 선수라고 언급한다. 그는 고등학교를 졸업하고 프로야구선수가 되고자 했을 때 프로야구팀 스카우터들은 그를 295번째로 지명했다. 또한, 미식축구 역사상 최고의 쿼터백 중 하나인 '톰 브레디' 역시 199번째로 지명되었다.

통상 야구나 미식축구처럼 운동에 재능을 가진 선수들은 고등학교를 졸업할 때쯤 되면 프로팀 스카우터들의 눈에 띄기 마련이다. 그런데 놀란 라이언이나 톰 브레디는 자신들보다 재능이 뛰어나다고 평가받은 수백 명보다 프로선수로서 더 뛰어난 결과를 보여주며 스카우터들의 그 당시 평가가 잘못되었음을 스스로 증명했다.

신체적인 능력으로 어느 정도 결정되는 스포츠 선수들도 어떻게 하느냐에 따라 미래에 평가가 이렇게 달라질 수 있다. 하물며 누군가가 우리들의 삶에 대해 멋대로 평가하려 한다면 그것을 너무 의식할 필요 없다. 결국 그 평가는 내 과거의 일부만 바라보고 내린 것이지 않은가? 또한, 그들은 내 능력을 다 모를 뿐 아니라 앞으로 내가 보여주려고 하는 것도 알 수 없다. 그들의 평가에 개의치 않고 내가 가진 능력을 꾸준히 보여주고 발휘한다면 멋대로 평가했던 그 사람도 나를 제대로 평가해줄 것이다.

오히려 내가 주변의 친구나 동료들을 멋대로 평가하고 있는지 되돌아볼 필요가 있다. 눈에 보이는 외모나 능력, 직책만 보고 함부로 이야기하거나 그들의 의견을 무시하는 실수를 하고 있을 수 있다. 《한비자》에서는 예화를 통해 외모나 직책으로 주변에 있는 사람에게 함부로 행동하는 경우 큰 화를 입을 수 있다고 경고했다.

◆

齊中大夫有夷射者, 禦飮於王, 醉甚而出, 倚於郎門

門者刖跪請曰 足下無意賜之餘瀝乎?

夷射叱曰, 去! 刑餘之人, 何事乃敢乞飮長者! 刖跪走退

及夷射去, 刖跪因捐水郎門霤下, 類溺者之狀

明日, 王出而呵之, 曰 誰溺於是?

刖跪對曰 臣不見也

雖然, 昨日中大夫夷射立於此

王因誅夷射而殺之

제나라에서 왕을 모시는 신하 중 이야라는 자가 있었다. 이야는 어느 날 왕을 모시고 술을 마신 뒤 취해 밖으로 나가 문에 기대고 있었다. 그때 발이 잘린 문지기가 무릎을 꿇은 채 "어르신, 혹시 남은 술이 있다면 제게 주실 수 있으시겠습니까?"라고 부탁했다. 그러나 이야는 "썩 물러가라. 벌을 받아 발이 잘린 자가 어찌 감히 술을 달라고 하는가?" 그 말을 듣고 문지기는 물러갔다. 이야가 그곳을 떠나자 발이 잘린 문지기는 문의 난간 아래에 물을 뿌려 소변을 본 것 같은 모양을 만들었다. 다음 날 왕이 그 문을 건너다 그것을 보고 "누가 이곳에 소변을 보았느냐?"라며 화를 냈다. 그때 문지기는 왕에게 무릎을 꿇은 채 "저는 보지 못했습니다. 다만 어젯밤에 중대부 이야가 이곳에 있는 것은 보았습니다"라고 대답했다. 왕은 문지기의 말을 들은 뒤 이야를 꾸짖고 죽였다.

- 31편 내저설. 하: 육미(內儲說. 下: 六微)

예화의 '이야'라는 자는 억울할 수도 있다. 본인이 보지도 않은 소변 때문에 왕에게 벌을 받고 죽었기 때문이다. 그러나 '이야'의

말과 행동은 스스로 화를 불러온 것이기 때문에 그 책임을 져야 한다. 그는 형벌을 받은 사람이 자신에게 남은 술을 달라고 청했다는 이유로 술도 주지 않고 물러가라며 말을 함부로 했다. 그는 '내가 지금 왕을 모시고 술을 마실 정도로 높은 위치에 있는데, 감히 형벌을 받은 주제에 내게 술을 달라고 하다니'라고 생각했을 것이다. 또한, 본인이 아무리 그렇게 행동한다고 해도 형벌 받은 사람에게 자신이 해코지당할 일은 없을 거라고 생각했을 것이다. 그러나 본인의 말과 행동 때문에 결국 화를 입고 말았다.

플라톤은 '타인에게 늘 친절하라. 그대가 만나는 모든 이는 매일 치열한 전투를 벌이며 살아가고 있다'고 했다. 각자 주어진 여건하에서 최선을 다해 살아가고 있는 만큼 만나는 이들에게 친절히 대해주라는 것이다. 만약 누군가가 만나는 사람들 중 본인보다 나이가 어리거나 학년이나 직책이 낮다고 불친절하게 대할 경우 상대방은 분명 자신들이 치열한 전투를 하며 살아가고 있는 삶 자체가 무시당했다고 느낄 수 있다. 물론 그들이 불친절하게 대하는 사람 면전에서 바로 불쾌감을 표시하거나 화를 내지는 않을 것이다. 그러나 분명히 그 치욕을 되갚아 줄 기회를 호시탐탐 노리고 있을 것이다.

나보다 나이가 어리거나 후배, 직책이 낮은 사람들을 어려워하고 무서워할 줄 알아야 한다. 고참이나 선배들보다 그들과 더 많은 시간을 보내기 때문이다. 그들은 표현을 하지 않아도 속으로는 항상 평가하고 있다. 따라서, 우리는 만나는 모든 이들에게 외모나 능력, 직책 등을 보고 어떻게 행동할 것인지 결정하지 말고 플라톤이 언급한 것처럼 친절하게 대하는 것에 집중해야 한다.

《육도》에서는 장수를 겉으로만 보고 판단해서는 안 된다고 강조했다. 겉으로 온화하고 선량한 듯 보이나 사실은 도적에 불과한 자들도 있고, 겉으로는 매우 성실히 노력하는 듯 보이나 사실은 신의가 없는 자도 있다고 했다. 또한, 겉으로는 우매한 듯 보이나 사실은 충직한 자도 있고, 겉으로는 몸이 허약하고 용모가 뒤떨어진 듯 보이나 사실은 명을 받아 사지로 나가면 가지 못하는 곳이 없고 이루지 못하는 바가 없는 자도 있다고 했다. 항상 겉으로 보이는 것이 다가 아님을 명심하자. 투박한 항아리 안에서 귀한 술이 만들어지는 법 아니겠는가?

내 마음은 저울추처럼 공평하게 유지해야지
사람에 따라 경중을 달리해서는 안 된다.

- 제갈공명

상대방이 원하는 바를
먼저 말하도록 해야 한다

정동일 교수의 저서 《사람을 남겨라》에서 '리더가 된 사람들이 가슴에 새겨야 할 다섯 가지 원칙' 중 하나로 '직원들은 항상 당신의 행동을 관찰하고 있다'고 언급했다. 부서를 이끄는 위치에 서는 순간 직원들이 24시간 바라보고 있다는 사실을 잊지 말아야 하며, 안 보는 것 같아도 리더가 하는 말과 행동 하나하나를 중요한 메시지로 그들의 머릿속에 각인된다는 것을 알아야 한다고 했다.

실제로 직장생활을 하는 많은 이들은 상급자, 즉 리더가 좋아하는 음식, 스포츠 등에 관심을 갖는다. 회의뿐 아니라 식사 중에도 누구와 어떤 이야기를 하는지 귀를 기울이기도 한다. 이에 대해 《한비자》도 군주가 자신의 좋고 싫음을 명확하게 표현할 경우 신하들은 그에 맞춰서 행동하기 때문에 군주 입장에서는 어느 것이 옳은 것인지 제대로 된 판단을 하지 못하고 혼란스럽게 될 것이라고 했다.

---◆---

人主者, 利害之軺轂也, 射者眾, 故人主共矣
是以好惡見則下有因, 而人主惑矣 辭言通則臣難言, 而主不神矣

군주는 언제든지 신하에게 상을 줄 수도 벌을 줄 수도 있다. 신하들도 이를 알고 있기 때문에 신하들은 군주의 마음이 어디에 있는지 항상 관심이 많다. 따라서 군주가 특정 분야에 대해 좋고 싫음을 드러내면 신하들은 그에 맞춰 행동할 것이다. 그러다 보면 어떤 결정이 옳은지에 대해 신하들의 솔직한 충언을 듣기 어렵다. 군주에게 한 충언이 자칫 군주의 마음을 거슬리게 해 벌을 받을 수 있다고 생각하기 때문이다. 결국 군주가 좋고 싫음을 자주 드러낼수록 올바른 결정을 하는 데 신하들의 충언을 들을 수 없다.

- 34편 외저설. 우상(外儲說. 右上)

---◆---

이러한 취향은 군주나 리더만 가지고 있는 전유물이 아니다. 그 시대의 신하뿐 아니라 지금 시대의 모든 회사나 단체의 구성원들 모두 각자의 취향이 있다. 사람들마다 성격이 다르기 때문에 누구

는 그 취향을 겉으로 잘 드러내지 않고 주변 취향대로 따라가는 사람도 있고, 또 다른 누군가는 본인의 좋고 싫은 것에 대해 명확하게 표현하는 경우도 있다.

취향을 잘 드러내지 않아 답답한 사람보다는 시원시원하게 본인의 의견을 내는 사람에게 더 호감을 느낄 수도 있다. 그러나 자기주장이 확실하고 말을 청산유수처럼 하는 것이 꼭 좋은 것만은 아니다. 외부에 말을 많이 하면 할수록 내가 어떤 사람인가를 주변 사람들에게 노출시키는 것인 만큼 내 허점을 보여줄 수 있기 때문이다. 만약 누군가가 그 허점을 파고들어 약점을 잡고 악용하고자 한다면 자신도 모르게 사기를 당하는 피해자가 될 수도 있다.

그렇다면, 사기를 당하지 않으면서 내 의견도 관철시키려면 어떻게 해야 할까? 상대방과의 대화를 할 때 '협상'처럼 하려고 노력하는 것에서 그 해답을 찾을 수 있다. 《하버드 협상 강의》에서는 협상의 성공과 실패는 아주 작은 디테일에서 결정되며, 성공하는 사람은 절대 상대방에게 희로애락을 드러내지 않는다고 했다. 또한, 하버드 경영대학원 협상학 전문가 로저 도슨은 협상할 때는 반드시 상대방이 먼저 원하는 바를 말하도록 해야 한다고 강조했다. 그래야만 비로소 협상의 한계를 정할 수 있기 때문이다.

핵심은 누가 상대방의 의도를 먼저 아는가이다. 내가 '협상'을 하듯 접근하고 노력한다 하더라도 나를 속이려고 하는 사람 역시 다양한 방법으로 나의 허점을 노릴 것이다. 그들은 항상 나의 행동을 관찰하고 있을 것이다.《전쟁의 기술》에서는 '나의 행동을 관찰한 상대방은 마치 잘 훈련받은 푸들처럼 내게 확실히 칭찬받는 행동으로 관심을 끌려고 할 것'이라고 했다. 이렇게 나의 패턴을 파악하려고 하는 이에게 패턴을 읽혀서는 안 된다. 그들이 나의 행동을 관찰하는 것 이상으로 그들의 패턴을 읽고 의도를 알아야 한다.

성자(聖者)는 사람을 두려워하지 않고 오직 입을 두려워할 뿐이다. 진정 입만 삼가면 행세하는 데 아무런 어려움이 없다.

- 이규보

5장

냉정한
세상에서
지혜롭게
살아가기 위해
알아야 하는 것

韓非子

인간관계는 선악이 아닌 이익 관계로
이해해야 제대로 볼 수 있다

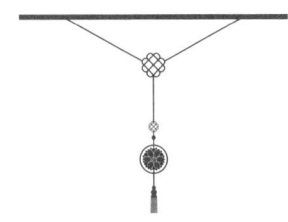

2000년대 초반에 개봉한 〈행복한 장의사〉라는 영화가 있다. 지방 도시의 작은 읍내에서 장의 일을 배운 청년들이 10년째 아무도 죽지 않았던 마을에서 돈을 벌기 위해 목이 빠지게 사람이 죽기를 기다리며 벌어지는 해프닝을 그린 내용이다. 영화를 보기 전에는 '돈을 버는 것이 아무리 좋다고 해도 누군가가 죽기를 바란다는 내용은 너무 억지 아닌가?' 하고 생각했었다. 그러나 영화를 보면서 등장인물들 각자의 사연을 알고 나니 왜 그렇게 행동했는지 이해할 수 있었다.《한비자》에서도 관을 짜는 사람의 이야기가 나온다. 마치 '이 영화의 시나리오 작가가 이 내용을 알고 있지 않았을까?'라는 생각이 들 정도다.

故輿人成輿, 則欲人之富貴 匠人成棺 則欲人之夭死也
非輿人仁而匠人賊也, 人不貴, 則輿不售 人不死, 則棺不買
情非憎人也, 利在人之死也

수레를 만드는 장인은 수레를 만들면서 사람들이 돈을 많이 벌기를 바라고, 관을 짜는 사람은 관을 만들면서 사람들이 빨리 죽기를 바랄 것이다. 그렇다고 수레를 만드는 사람은 선하고, 관을 짜는 사람은 악하다고 볼 수 없다. 사람이 돈을 많이 벌지 않으면 수레를 판매할 수 없고, 사람이 죽지 않으면 관을 판매할 수 없기 때문이다. 관을 짜는 사람이 악해서 다른 사람들이 죽기를 바라는 것이 아니라 사람들이 죽어야 돈을 벌 수 있기 때문이다.

- 17편 비내(備內)

《한비자》는 수레를 만든다고 해서 그 사람이 착하고 지혜롭다고 할 수 없는 것처럼 죽은 사람을 위해 관을 만든다고 해서 악한 사람이라고 할 수 없다고 했다. 누군가가 소중한 삶을 마감하는 것은 분명 슬픈 일이지만 관을 짜는 사람은 죽은 사람을 위한 관을 판매해야 가족들을 먹여 살릴 수 있다. 그런데 누가 관을 판다는 이유로 그 사람을 악한 사람이라고 비난할 수 있겠는가?

그렇다고 직업은 이익만 생각하면 되지 선악은 없다고 생각한다면 잘못된 접근이다. 누군가에게 사기를 치는 등 타인에게 피해를 주면서 돈을 버는 행동은 악한 것이다.《한비자》에서는 직업의 선악을 언급한 것이 아니라 어떤 사람의 행동을 제대로 파악하려면 그 행동을 통해 무엇을 얻으려고 하는가를 아는 것이 중요하다는 것을 강조한 것이다.

왜 주변 사람들이 하는 행동의 의도를 정확하게 짚어내는 것이 중요한가? 그 사람들과 사이좋게 지내기 위해서다. 왜 그렇게 행동했는가를 알고 있다면 무엇을 좋아하고 어떤 것을 원하는지도 알 수 있다. 만약, 그 의도를 모르고 본인이 느끼는 대로 상대방에게 말하고 행동할 경우 서로 오해가 쌓이고 어색해질 수 있다.

현재 여러분의 위치가 리더 또는 관리자라면 구성원들이 무엇을 원하는지, 어떻게 행동하고자 하는지를 알아야 한다. 만약 그들이 팀이나 조직을 위해서 무조건적인 헌신을 하는 착한 사람이기를 바라고 그렇게 요구한다면 서로 간의 관계는 불편해질 수밖에 없다.

병법서 중 하나인《삼략》에서는 '향기로운 미끼로 고기를 유인하면 고기는 반드시 바늘을 물게 되어 있다. 두터운 상을 내리면 반드시 용맹스러운 전사가 나오기 마련이다. 포상이 없으면 병사가 참전하지 않는다. 용사가 죽음을 무릅쓰고 싸우는 것은 두터운 포상 때문이다'라고 하며 리더와 팀원들과의 관계에 대해 있는 그대로 냉정하게 기술했다. 리더 중에 혹시나 '우리 팀원들은 착해서 포상을 바라지 않고 열심히 한다'고 생각한다면 제대로 팀원들과의 관계가 정립되어 있지 못한 것이다. '그렇게 내게 요구한 적이 없는데?'라고 한다면 더 반성해야 한다. 어떤 팀원이 리더나 팀장에게 포상을 대놓고 이야기하겠는가? 팀장인 여러분이 그 의도를 파악하고 섭섭하지 않게 챙겨주어야 한다. 원래 리더는 애매하고 불확실한 것까지 센스 있게 파악할 수 있어야 한다. 그래서 리더인 것이다.

여러분이 지금 팀원의 위치에 있다면 최소한 하는 것만큼 인정받고 싶을 것이다. 더 나아가 돈도 많이 벌고 승진도 하기 위해서 어떻게 행동할 것인가를 고민할 것이다. 이를 위해서는 무엇보다 리더를 어려워하거나 업무를 기피해서는 안 된다. '이렇게 하면 팀장이 싫어할까?', '업무가 어려운데 좀 미뤘다가 할까?'와 같은 행동은 리더와의 인간관계 정립에 도움이 되지 못한다. 팀원들 역시 본인이 원하는 것을 얻고자 한다면 상급자가 현재 무엇을 원하는지 의도를 파악하고 행동하기 위해 노력해야 한다. 그리고 주어진 업무를 적시적으로 제대로 할 수 있음을 리더에게 보여줘야 한다. 그래야 서로 간의 관계를 건강하게 유지할 수 있다. 상급자 중 바라는 것만 많고 일을 하지 않는 부하를 좋아하는 이들은 없기 때문이다.

병법서《울료자》에서는 '장수를 사람의 마음에 비유하면 부하는 사지의 관절에 해당한다. 마음이 진정을 갖고 움직이면 사지의 관절도 반드시 힘을 얻게 된다. 반대로 의심을 품게 되면 사지의 관절은 반드시 따로 놀게 된다. 무릇 장수가 회의하며 결단하지 못하면 병사 역시 사지의 관절이 따로 노는 것처럼 절도 있게 움직일 수 없다'고 했다. 지금 상황으로 바꿔보면 리더와 팀원들이 한 몸이 되어 행동하려면 서로 의심하지 않고 신뢰가 있어야 한다는 것이다. 그래야 가고 싶은 방향으로 제대로 걸어갈 수 있다. 마음과 사지의 관절임에도 불구하고 서로에 대해 제대로 알지 못하고 움직인다면 몇 걸음 가지 못하고 넘어지고 말 것이다.

사람들과 교제할 때는
다소나마 상대방을 이롭게 해주는 것이 좋다.

- 발타자르 그라시안

서로 간에 기본적인 예의를 지키지 않으면 어색하고 불편해진다

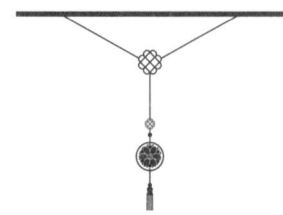

악수는 세계 어느 곳에서도 통하는 세계 공통의 인사다. 악수의 유래는 칼을 차고 다니던 사람들이 서로 공격할 의사가 없음을 증명하기 위해 오른손을 내밀어 잡았다고 많이 알려져 있다. 악수를 할 때 기본적인 예절은 허리를 펴고 바른 자세로 상대를 보며 해야 하고, 악수하는 손에 힘을 적당히 준 뒤 두세 번 흔드는 것이다.

서로 공격하지 않겠다는 의미로 시작된 악수는 반가움의 표시뿐 아니라 상대방에 대한 예의를 갖추는 것이지만 제대로 된 악수를 하지 않을 경우 상대방을 불쾌하게 할 수 있다. 만약 상대방이 악수를 청했는데 받아주지 않거나 악수한 뒤 바로 손수건으로 손을 닦는 것 등은 상대방을 무시하는 행위가 된다.

또한, 나라마다 악수하는 예절이 다르다. 브라질의 경우 길고 힘찬 악수를 하고, 시선을 마주한다. 그런데 상대방이 한번 악수를 했으니 다른 곳으로 시선을 돌리거나 그 자리를 떠나면 불쾌할 수 있다. 만약 비즈니스 자리였다면 더 큰 문제가 될 수도 있다. 《한비자》는 이처럼 서로 간에 마음을 표현하기 위해 하는 '악수'도 상대방에게 웃음이 아닌 짜증을 유발시킬 수 있음을 유의해야 한다고 강조했다.

◆

然則爲禮者, 事通人之樸心者也, 眾人之爲禮也, 人應則輕歡
不應則責怨, 今爲禮者事通人之樸心而資之以相責之分 能毋爭乎?
有爭則亂, 故曰 夫禮者, 忠信之薄也, 而亂之首乎

예를 갖추어서 행동한다는 것은 나의 마음을 전하는 것이다. 어떤 사람이 예절을 갖춰 행동했을 때 상대방이 예절로써 응대하면 기분이 좋지만, 그렇지 않을 경우 언짢을 수 있다. 예라는 것은 사람의 마음을 표현하고자 한 것인데, 그로 인해 서로 언짢아하고 다투게 될 수 있는 것이다. 다투게 되면 관계가 더 어색해진다. 그래서 '무릇 예란 충성과 신의에 비해 깊이가 얕기 때문에 인간관계의 혼란을 가져오는 시발점이 될 수 있다'라고 했다.

- 20편 해로(解老)

◆

서로의 마음을 표현하기 위한 형식으로 '예'를 행하는 것인데, 이 '예'를 지키지 않아 서로 원망하게 된다. 잘 지내자고 만든 것인데 서로 지키지 않으면 만들지 않은 것만 못한 것이 되는 것이다. 인사하는 것처럼 서로 간에 조금만 신경 쓰면 아무런 문제가 되지 않는데도 불구하고 '예'를 지키지 않는 이유는 뭘까?

두 가지 상황 중 하나다. 첫째는 몰랐거나 둘째는 알고도 할 필요성을 느끼지 못하는 경우다. 모르는 이유가 다른 나라의 예절이라면 배우면 된다. 못 보고 지나치는 경우라면 그 당시에 상대방은 약간 민망하거나 뻘쭘할 수 있지만, 서로 시선이 마주치지 않았고 전화를 받는 중이었다면 이해하고 넘어갈 수 있다. 그런 오해는 다음번에 만나서 충분히 풀 수 있다. 그런데 알고 있는 사이인데 악수를 청하는 여러분을 보고 그냥 지나친다면 여러분은 무시당한 것이다.

'설마 그런 사람이 있을까?' 하고 생각할 수도 있다. 그러나 주위를 천천히 살펴보고 생각해보면 학교나 직장에서 충분히 벌어질 수 있는 상황이다. 실제로 그런 경험을 한두 번쯤 겪어본 분들도 있을 것이다. 그렇다면, 왜 그들은 그런 행동을 아무렇지도 않게 하는 것일까?

분명히 그들은 스스로 높고 중요한 위치에 있다고 생각하기 때문에 그렇게 행동하는 것이다. 그러다 보니 알고 지내는 수많은 사람과 마주칠 때마다 굳이 웃으면서 인사를 할 필요성을 못 느낀다. 문제는 그들이 모든 사람들에게 그렇게 대하지 않는다는 것이다. 본인이 생각할 때 잘 보여야 한다고 생각하는 사람들에게는 그 누구보다 예의를 차려 인사를 할 것이고, 아이러니하게도 예의 바르게 행동한다고 칭찬도 받을 것이다.

'예'에 대한 이러한 부정적인 부분 때문에 《도덕경》에서는 '예는 허식이오, 조급하게 살아가게 되는 원인을 제공한다. 예는 감정을 드러내는 방법이고 의로움을 꾸미는 수단이다'라고 하며 '예'의 어두운 면을 이야기했다.

내가 만나는 사람에 따라 예를 가려가며 행하지 않기 위해 기본적으로 무엇을 갖추고 있어야 할까? 바로 '친절함'과 '겸손'이다. 《탈무드 잠언집》에서는 친절함과 겸손이 한 형제라고 했다. 여기서 겸손은 상대방을 인정하는 것이다. 결코 겸손해지지 않고는 친절할 수 없으며, 친절하지 않고는 겸손해질 수 없다고 했다. 이러한 겸손과 친절함을 갖추고 있어야 《한비자》에서 언급한 것처럼 나의 소박한 마음을 전달할 수 있고 상대방과 웃으며 잘 지낼 수 있는 것이다.

머리를 너무 높이 들지 말라. 모든 입구는 낮은 법이다.

-영국 속담

지식이 아닌 지혜를 갖춘 자에게 더 끌리게 된다

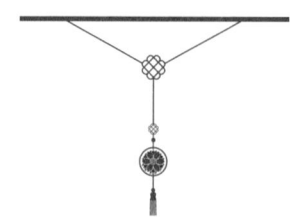

그리스 철학자였던 아리스토텔레스는 알렉산더 대왕의 스승이었다. 알렉산더의 아버지였던 필리포스 2세는 본인의 아들이 자신의 뒤를 이어 강력한 왕이 되는 데 필요한 능력을 갖추기를 바랐기에 당시 유명했던 아리스토텔레스를 스승으로 모신 것이다. 필리포스 2세는 이에 대한 보답으로 과거에 정복하면서 초토화시켰던 아리스토텔레스의 고향(스타게이라)을 재건했고, 노예로 전락했던 옛 주민들을 해방시켜 다시 거주할 수 있도록 해주었다.

필리포스 2세만 유별난 것은 아니었다. 조선시대를 기록한《조선왕조실록》중 〈인조실록〉에서도 우의정이 인조에게 당시 최고의 학자였던 송시열 등 3명을 세자의 스승으로 삼아야 더 훌륭한 왕이 될 수 있는 자질을 갖출 수 있다고 건의하는 장면이 나오기도 한다. 동서양의 왕들뿐이었겠는가? 왕이나 권력층뿐 아니라 일반 시민들도 자녀 교육에 관심이 많았다. 부모들은 그 무엇보다 소중한 자녀의 미래를 위해서라면 훌륭한 스승을 모시기 위해 많은 돈을 아낌없이 지불했다. 물론 이런 현상은 지금도 변함없이 이어지고 있다.

《한비자》에서는 노나라의 권력자였던 '맹손(孟孫)'과 관련된 고사를 통해 부모가 자식의 스승을 고르는 기준을 알려주었다.

孟孫適, 至而求鹿

答曰 餘弗忍而與其母

孟孫大怒 逐之

居三月, 復召以爲其子傅

其禦曰 曩將罪之, 今召以爲子傅, 何也?

孟孫曰 夫不忍鹿, 又且忍吾子乎?

故曰 巧詐不如拙誠

樂羊以有功見疑, 秦古巴以有罪益信

맹손이 어린 사슴을 사냥한 후 신하였던 진서파에게 그것을 가지고 돌아가라고 했다. 그런데 진서파는 사슴의 어미가 울면서 자신을 따라오자 결국 새끼를 어미에게 돌려보냈다. 맹손이 돌아온 진서파에게 사슴을 달라고 하자, 진서파는 "어미 사슴이 계속 따라오면서 울부짖어 새끼 사슴을 놓아주었습니다." 맹손은 이 이야기를 듣고 매우 화가 나 그를 내쫓았다. 그러나 세 달이 지난 뒤 맹손은 진서파를 다시 불러 자식을 가르치는 스승이 되도록 했다. 맹손의 수레를 모는 하인이 물었다. "지난번에는 내쫓으시더니 이번에는 주인의 스승으로 삼으신 것은 무엇 때문입니까?" 맹손은 말했다. "사냥으로 잡은 어린 사슴의 고통도 슬퍼하는 만큼 나의 아들이 힘들어하는 부분 역시 해결해주지 않겠는가?" 이 이야기는 "누군가를 교묘하게 속이는 것은 우직하고 진실한 행동보다 못하다"는 것을 의미한다.

- 22편 설림. 상(說林. 上)

◆

맹손 입장에서 보면 진서파는 자신이 내린 명을 거역한 괘씸한 신하다. 본인의 집에서 먹고 자며 몸을 의탁하고 있는 진서파가 사냥으로 잡은 사슴을 놓아주었다는 것에 대해 충분히 기분 나쁠 수 있다. 그러나 자식 교육만큼은 본인 기분과 별개라고 생각했다. 절대 권력자인 자신 앞에서 잘 보이려고 하는 수많은 이들보다 어린 사슴의 마음까지 헤아릴 줄 아는 자에게 자식을 맡기는 것이 맞다고 생각한 것이다.

아무리 생각해도 '맹손'은 큰 배포를 가진 사람인 것은 분명하다. 아무리 자식 교육 때문이라 하더라도 기분 나쁘다고 한번 내

쫓은 사람을 다시 부른 뒤 자식을 맡길 때 조금은 겸연쩍을 것이다. 또한, 순간 감정에 휘둘리지 않은 것은 물론 본인 집에 머물고 있는 수많은 똑똑한 가신들보다는 지혜를 갖추고 있는 진서파를 선택하는 안목이 대단하다고 생각한다.

많은 지식을 가진 사람보다 현명하고 지혜롭게 행동하는 이에게 더 끌리는 것은 비단 자녀 교육에만 해당되는 것은 아니다. 친구 관계뿐 아니라 직장 내 동료, 상하급자 관계에서 일어나는 대부분의 일들도 마찬가지다. 이 고사에서 맹손이 언급했던 '우직하고 참된 사람', 즉 지혜로운 사람이 더 매력적이기 때문에 일을 같이 하고 싶은 것은 당연하다.

그렇다면, 그런 사람에게 끌리는 이유가 무엇일까? 바로 신뢰감 때문이다. 자녀 교육만큼이나 중요하고 소중한 것을 추진할 때는 서로 간의 믿음이 있어야 한다. 한 배를 같이 타고 항해하는 마음으로 가야 하기 때문에 가장 큰 우선순위라고 할 수 있다.

만약 똑똑하고 아부 잘하는 사람과 중요한 일을 추진하고자 한다면 배가 방향을 잃거나 가라앉을 징후가 생겼을 때 그가 여러분의 눈과 귀를 가리고 몰래 해결하려고 할 수 있음을 감수해야 한다. 그런 자들은 결정적인 순간에 옳은 소리를 하지 않고 자신의 안위를 위해 침묵하기 때문이다. 이에 대해 당나라 태조가 신하들과 이야기를 나눈 《정관정요》에서는 아부하고 침묵하는 사람보다 이의를 제기하는 사람이 더 낫다고 했다. '짐의 뜻에 아부하고 짐의 마음에 순종하며 그럭저럭 세월만 보내서는 안 되오. 절대 터무니 없이 두려움에 젖어 짐의 잘못을 알고도 침묵하는 일이 없도록 하시오'라고 강조한 것에 대해 생각해볼 필요가 있다.

어떤 결과물의 성과에만 눈길을 주지 말고
그것을 가능하게 한 사람들을 볼 수 있어야
지금 내가 살아가면서 어떻게 판단하고
행동할 것인지 성찰할 수 있는 것이다.

- 김경집 《생각의 융합》 중에서

진정한 내 편인지 의심이 아닌 확인이 필요할 때도 있다

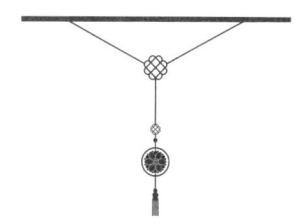

'모든 걸 의심하라. 사람이 아닌 상황을 믿어라. 약점을 내어주지 마라.'

JTBC 드라마 〈보좌관〉에서 국회의원 보좌관 역할을 했던 이정재 배우가 극 중에서 기자와 인터뷰를 하면서 밝힌 자신의 신념 중 하나다. 다양한 이해관계가 얽혀 있는 국회에서 일하는 보좌관으로서 각종 민원들과 청탁을 구분하기 위해 사실 여부를 끊임없이 확인하면서 자신만의 길을 가겠다는 의지를 밝힌 부분이다. 실제로 이정재 배우는 극 중에서 올바른 신념을 지키기 위해 모시고 있던 국회의원과도 갈등을 겪지만 결국 해결책을 찾아 나아간다. 국회뿐 아니라 세상을 살아가는 모습을 무척 현실적으로 담아내서 많은 시청자들의 공감대를 이끌어냈고, 시즌 2를 제작하기도 했다.

친구를 무턱대고 의심하는 것은 서로 간의 관계를 악화시킬 뿐이다. 내게 말만 하지 않을 뿐이지 나를 못 믿겠다는 표정과 행동을 하는 친구와 친하게 지내고 싶어 하는 사람은 아무도 없기 때문이다. 그런데 친구 관계가 아닌 업무는 다르다. 의심할 수 있다. 그리고 성과를 내야 하는 책임자는 자신의 계획을 실현시킬 수 있는 믿음직한 팀원들이 필요하다. 실력이 다 뛰어나면 좋지만 조금 부족하더라도 성실하게 일하는 모습을 보면 그 부족한 부분은 서로 메꿔나갈 수 있다. 그런데 만약 팀원들 앞에서는 좋은 모습만 보이면서 다른 장소에서 팀원들을 흉보거나, 추진 중인 기밀 프로젝트 내용을 누설하거나, 경쟁 업체에 넘기는 행위까지 할 경우 팀뿐 아니라 조직 전체에 치명적인 위협이 될 수 있다. 실제로 회사의 중요 기밀을 타 경쟁 업체에 빼돌리다가 걸리는 산업스파이와 관련된 뉴스를 요즘에도 자주 접할 수 있다.

《한비자》는 한나라 소후가 부하들을 시험했던 고사를 통해 부하들의 진심을 알아보는 방법에 대해 이야기했다.

韓昭侯握爪, 而佯亡一爪, 求之甚急
左右因割其爪而效之
昭侯以此察左右之誠不

한나라 소후가 거짓으로 손톱을 하나 잃어버렸다고 하며 손톱을 움켜쥐고 주변을 둘러보자 주변에 있던 신하 중 하나가 자신의 손톱을 잘라 소후에게 바쳤다. 소후는 이를 통해 자신의 주변에 있는 자 중 진실한 신하가 누군지 알 수 있었다.

- 30편 내저설. 상: 칠술(內儲說. 上: 七術)

소후의 신하들 입장에서 생각해보자. 모시고 있는 왕이 갑자기 손톱을 잃어버렸다고 여기저기 찾고 있다. 중요한 문서도 아니고 손톱을 찾고 있다. 그냥 서 있기 뻘쭘해서 주위를 둘러봤지만 그 조그만 것이 보일 리 없다. 왕은 어디 있냐며 계속 돌아다니고 있다. 그때 '이번 기회에 잘 보여야겠다'라는 생각이 머릿속을 스칠 것이다. 결국 손톱에 이름이 쓰여 있는 것도 아니기에 몰래 자신의 손톱을 잘라 왕에게 찾았다며 바쳤을 것이다.

그 신하는 스스로 임기응변을 잘했다고 생각할 수 있지만, 그것은 소후가 냈던 문제의 해답이 아니다. 소후는 그 상황에서 자신에게 잘 보이기 위해 거짓된 행동을 하는지 여부를 문제로 낸 것이다. 그리고 정답은 그냥 서 있거나 손톱을 계속 찾는 것이었다.

이와 같이 신하의 진실성을 시험해보는 것에 대해 《정관정요》에서도 언급했다. '아첨하는 신하를 알기 위해서는 폐하께서 분노한 척 가장하시고 신료들을 시험해보십시오. 만약 우레와 같은 폐하의 노여움을 두려워하지 않고 곧은 말로 간언을 올리면 그는 바로 정직한 사람이고, 감정에 순종하며 폐하의 뜻에 아첨하면 그는 바로 아첨꾼입니다.'

　신하들 입장에서는 모시는 왕이 자신들을 시험했다고 알게 되면 충분히 기분 나쁠 수 있다. 어느 신하가 왕이 갑자기 손톱을 잃어버렸다고 급하게 찾거나 화를 내는데 태연하게 있을 수 있겠는가? 무언가라도 해서 왕을 편하게 하고 싶을 것이다. 이 순간이 가장 중요하다. 왕이 원하는 것이나 화를 내는 것에 대한 원인이 내게 있는가? 내가 무언가를 할 수 있는가? 순간을 모면하거나 이 기회로 인정받기 위해서 무언가를 할 것인가? 등 여러 가지를 생각할 것이다. 만약, 나와 관련된 사안이라면 책임지고 솔직하게 이야기하면 된다. 그렇지 않으면 그냥 조용히 있어야 한다. 거짓으로 이야기하는 것은 순간적으로 상황을 모면하거나 인정받기 위함이지만 왕은 진실을 반드시 알게 됨을 명심해야 한다.

　《육도》에서는 사람 속에 감춘 자질을 알 수 있는 방법에 대해서 언급되어 있는데 그중 '말로써 물어보고 그 대답을 살펴본다'와 '위난의 상황에 처하게 하고 두려워하지 않는 용기가 있는지 살펴본다'고 했다. 왕과 신하의 관계뿐 아니라 우리가 현재 살아가는 회사나 단체에서의 관계에서 마찬가지로 리더들은 항상은 아니겠지만 가끔 부하들의 의중을 떠보곤 한다. 부하 입장에서는 리더가 지금 하는 이야기가 사실인지, 자신의 의중을 떠보기 위한 것인지 솔직히 알 수 없다. 그러기 때문에 항상 있는 그대로 솔직하게 이야기해야 한다. 조금 능력이 부족해도 성실한 것이 훨씬 더 낫다. 순간을 모면하려는 부하를 믿고 신뢰하는 상급자는 없기 때문이다.

그리고 혹시 나를 시험하려고 했다는 것을 알게 되더라도 기분 나쁘게만 생각할 필요 없다.《탈무드》는 '도공은 이미 망가진 그릇을 손가락으로 두드려 시험해보지 않는다. 그러나 잘 만들어진 그릇은 손가락으로 이리저리 두드려 보면서 시험해본다'고 했다. 나와의 신뢰를 좀 더 두텁게 하기 위한 절차라고 생각하자. 즉, 의심이 아닌 확인 절차인 것이다. 어차피 시험 여부를 내가 선택할 수 없지 않은가?

회의론자란 의심하는 사람이 아니라, 시험해보는 사람이다.

- 샤를 오귀스탱 생트뵈브

주변 사람의 충고를 가려들을 줄 아는
지혜가 필요하다

荊王所愛妾有鄭袖者

荊王新得美女, 鄭袖因教之曰 王甚喜人之掩口也, 為近王必掩口

美女入見, 近王, 因掩口 王問其故, 鄭袖曰 此固言惡王之臭

及王與鄭袖 美女三人坐, 袖因先誡御者曰 王適有言, 必亟聽從王言

美女前, 近王甚, 數掩口 王悖然怒曰 劓之 禦因揄刀而劓美人

초나라 왕에게는 정수라는 애첩이 있었으며, 또 다른 미녀 첩을 한 명 얻었다. 그러자 정수가 그녀에게 말했다. "왕께서는 입을 가리는 사람을 매우 좋아하오. 왕을 모실 때 곁에 있을 때에도 반드시 입을 가리시오." 이후 그 첩은 왕을 모실 때마다 입을 가렸다. 이를 궁금해했던 왕이 정수에게 묻자 "그녀가 그렇게 하는 것은 왕의 냄새를 싫어하기 때문입니다"라고 답했다. 왕과 정수, 새로운 첩이 앉아 있을 때 정수는 미리 왕을 지키는 신하에게 가서 "만약 왕이 어떤 지시를 하시면 망설이지 말고 바로 행하시오"라고 말했다. 왕이 새로운 첩을 가까이 불렀을 때, 그 첩이 또 입을 계속 가리자 왕은 화가나 말했다. "당장 코를 베어라." 정수에게 미리 이야기를 들었던 그 신하는 칼을 뽑아 그 미녀 첩의 코를 베었다.

- 31편 내저설. 하: 육미(內儲說. 下: 六微)

이번 《한비자》의 고사는 주변 사람들이 하는 충고를 듣되 가려 듣지 않으면 피해를 볼 수 있음을 알려준다. '정수'라는 첩은 왕에게 사랑을 독차지했지만, 왕이 새로 첩을 얻자 혹시나 자신에 대한 관심이 줄어들지 모른다고 생각해 왕이 그 첩을 싫어하도록 일을 꾸미고 결국 성공한다.

중고등학교에 다닐 때 이사를 가면 새로운 학교에서 낯선 친구들과 지내야 하는 경우가 있었다. 아무도 모르는 그곳에서 먼저 다가와 말을 걸어주거나 모르는 것을 잘 알려주는 친절한 친구들과는 금방 친해진다. 학교뿐 아니라 회사도 마찬가지다. 신입사원으로 입사했을 때 선임들 중에서 한 명이라도 업무하는 방법을 친절하게 알려주면 회사 생활에 적응하는 데 큰 도움이 된다. 이처럼 나에게 잘해주는 친구는 베스트 프렌드가 되고, 회사에서의 선임은 멘토가 된다.

이 고사에서 초나라 왕의 새로운 첩 입장에서 생각해보면 학교 전학이나 회사에 입사한 신입사원 이상으로 설레고 떨렸을 것이다. 그리고 모든 것이 낯선 궁전에서 어떻게 생활해야 할지 막막했을 것이다. 그 상황에서 왕의 첩인 '정수'가 먼저 다가와 궁전에서 생활하는 방법이나 조심해야 하는 부분을 친절하게 알려준다고 생각해보라. 얼마나 고맙다고 생각하겠는가? 분명 '정수'를 언니처럼 따르고 이야기해주는 것 하나하나 귀 기울여 들었을 것이다. 그렇게 해야 왕에게 사랑을 받을 수 있다고 생각했기 때문이다.

'정수'는 그런 새로운 첩의 마음을 철저히 이용해서 새로운 첩이 왕에게 사랑이 아닌 미움을 받도록 만들었다. 자신이 처음 첩이 되었을 때 막연하고 두려웠던 것을 잘 기억하고 있었기에 새로 들어온 첩도 그럴 것이라는 걸 잘 알고 있을 것이다. 처음에는 인사 예절 등 기본적인 궁궐 생활부터 차근차근 알려줬을 것이다. 그리고 새로운 첩이 자신에게 점점 의지한다는 것을 알게 한 후에는 초나라 왕이 결정적으로 싫어할 수 있는 '입을 가리는 행동'을 해야 왕이 좋아한다고 알려주었을 것이다. 마치, 자신이 그런 행동을 함으로써 왕에게 사랑을 받게 된 것처럼 포장까지 해서 말이다.

'정수' 입장에서 새로운 첩은 자신의 강력한 경쟁자일 뿐이다. 솔직히 새로운 첩이 궁궐 생활에 잘 적응하는 것에는 관심도 없을 것이다. 오히려 '왕이 자신보다 그녀를 더 좋아하면 어떡하지?'라는 걱정이 더 앞서 있을 것이다. 그렇기 때문에 천천히 다가가 필요한 것들을 알려주는 척하며 결국 새로운 첩을 곤란하게 만들었고 코까지 베이도록 만든 것이다.

우리가 지금 살아가는 삶에서 '정수' 같은 사람이 없을까? 물론 전학생을 도와주거나 신입사원에게 업무를 알려주는 선임들은 친절하고 고마운 사람들이다. 별도의 시간을 내서 친구와 신입사원이 잘 적응하도록 도와주는 것이기 때문이다. 그러나 직장생활을 하다가 새로운 직장으로 이직한 경우는 조금 다르다. 직장생활은 시간이 지나면 다 같이 학년이 올라가는 학교생활이 아니다.

경쟁사회인 만큼 이직을 해서 간 그 직장에서도 같은 직급의 동료들은 새로 온 그 또는 그녀가 경쟁자라고 인식할 수밖에 없다. 내년에 차장 승진을 희망하는 인원이 기존에 3명이었다면 한 명이 더 들어올 경우 그만큼 더 치열해질 것이다. 그런 상황에서 페어플레이만 한다는 보장이 없다. 차장 직위는 결국 한 명이 차지할 수밖에 없기 때문이다. 그러다 보면 3명 중 한 명은 '정수'와 같이 행동하고 있을지 모른다. 도움을 준다고 접근하지만 결국 이직해온 사람이 곤란한 상황에 빠지게 만드는 것이다.

'정수' 같은 사람에게 속아 넘어가지 않기 위해서는 어떻게 행동해야 할까? 그런 사람들과 친하게 지내는 것은 좋다. 모든 것이 낯설 때 먼저 말을 걸어주고 친절하게 대해주는 사람에게 더 마음이 갈 수 있기 때문이다. 그러나 그 사람하고만 친하게 지내서는 안 된다. 자신도 모르게 의존하는 부분이 커지기 때문이다. 그럴 경우 내가 결정을 내릴 때 그 사람의 의견에 좌지우지될 수 있다. 따라서 여러 사람과 친하게 지내려고 노력해야 한다. 같은 상황에 대해 여러 사람의 의견을 들어봐야 한다. 물론 최종 결정은 내가 하는 것임을 잊지 말자.

강력한 동맹의 힘은 유용하고,
그들을 신뢰하는 자들에게 도움이 될 수 있다.
그러나 동맹에게 전적으로 의지하는 이들에게는 위험하다.

- 마키아벨리 《군주론》 중에서

문제의 원인이 내가 아니라면
내가 없어야 이익을 보는 이를 경계하라

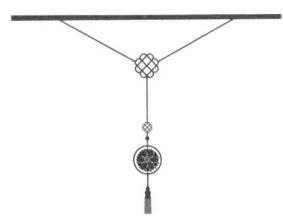

'그 범죄로 인해 누가 이익을 보는가?'

로마 원로 정치가 마르쿠스 키케로가 언급한 말로 범죄 수사를 할 때 가장 중요시하는 원칙 중 하나다. 가끔 언론에서 살해 사건의 가해자가 수억 원의 보험금을 노린 가족 중 한 명이었다는 끔찍한 뉴스를 접할 때가 있다. 그 가해자는 소중한 가족이 목숨을 잃는 슬픔보다 돈을 가지는 것이 더 중요하다고 한순간 잘못 판단했기 때문에 범죄를 저지른 것이다.

누군가 이득을 본다는 것은 반대로 이야기하면 누군가는 피해를 본다는 것이다. 《한비자》에서는 요리사가 만든 음식에 머리카락이 들어 있는 것과 관련된 고사를 통해 이 부분을 짚어준다.

文公之時, 宰臣上炙而發繞之
文公召宰人而譙之曰 女欲寡人之哽耶, 奚以發繞炙?
宰人頓首再拜, 請曰 臣有死罪三 援礪砥刀, 利猶干將也
切肉肉斷而發不斷, 臣之罪一也 援錐貫臠而不見發
臣之罪二也 奉熾爐炭, 肉盡赤紅, 炙熟而發不焦, 臣之罪三也
堂下得微有疾臣者乎?
公曰 善
乃召其堂下而譙之, 果然, 乃誅之

진나라 문공 때에 요리사가 왕에게 고기를 요리해서 진상했는데 음식에 머리카락이 감겨 있었다. 문공은 화가 나 요리사를 부른 뒤 "너는 내가 이 음식을 먹다가 목이 막혀 죽기를 바란 것이냐? 어떤 의도를 가지고 구운 고기에 머리카락을 감은 것이냐?" 요리사는 머리를 숙인 뒤 두 차례 절을 올리고 말했다. "저는 왕께 세 가지 죽을죄를 지었습니다. 첫 번째 죄는 숫돌에 칼을 예리하게 갈은 뒤 고기를 잘랐지만 머리카락은 자르지 못한 것이고, 두 번째 죄는 고기를 나무로 꿰면서 머리카락을 보지 못한 것이며, 세 번째 죄는 고기가 다 익을 때까지 머리카락을 태우지 못한 것입니다. 분명 시중드는 신하 중 한 명이 속으로 신을 미워하는 자가 있을 것입니다." 문공은 요리사의 이야기를 듣고 동의한 후 주변의 신하들을 문책한 뒤 찾아냈다.

- 31편 내저설. 하: 육미(內儲說. 下: 六微)

---◆---

진나라의 군주였던 문공의 요리사는 정성스럽게 만든 음식에서 머리카락이 나왔다는 이야기를 들었을 때 무척 당황했을 것이다. 그러나 그는 당황하지 않고 두 가지를 언급하며 위기를 벗어날 수 있었다.

첫 번째는 머리카락이 음식을 만드는 과정에서 실수로 들어간 것이 아니라 만들어진 음식에 누군가가 고의로 머리카락을 감아 놓은 것이라는 것을 세 가지 논리를 들어 차분하게 설명했다. 문공 역시 머리카락이 날카로운 칼에도 잘리지 않고 불에도 타지 않는 것을 이상하게 생각하고 뭔가 수상하다는 느낌이 들었을 것이다.

두 번째로 그는 단순히 억울한 것에서 벗어나는 것이 아니라 누가 왜 구운 고기 음식에 머리카락을 감아 놓았는가를 알아내고자 했다. 접근 방법은 고기에 감긴 머리카락으로 인해 본인이 문공에게 벌을 받았을 때 이득을 얻을 수 있는 자가 있다면 그가 바로 범인이라고 생각했다. 그리고 문공에게 그 부분을 언급함으로써 범인까지 잡도록 했다. 만약 그 요리사가 그 순간의 억울함만 풀려고 했다면 어떻게 됐을까? 잡히지 않은 범인은 좀 더 치밀하게 함정을 파놓고 다음번 기회를 노렸을 것이다.

누구나 이 요리사처럼 억울한 상황에 놓일 수 있다. 그리고 그 함정에서 벗어나지 못할 경우 책임을 져야 할 수도 있다. 만약 내가 잘못한 부분이라면 책임지면 된다. 그러나 그렇지 않다면 내가 실수하기를 바라는 사람이 원하는 대로 행동해서는 안 된다.

우리는 하루에도 많은 시간 인터넷 검색을 통해 정보를 얻거나 SNS를 통해 지인들과 대화를 하며 지낸다. 그런데 예전과 달리 연예인들 간의 열애설이나 이혼설 등이 사실이 아님에도 불구하고 일명 '가짜 뉴스'가 유포되는 경우가 많다. 시간을 투자해서 그럴듯한 가짜 뉴스를 만들 때는 이유가 있다. 이 뉴스를 통해 누군가를 곤란하게 만들고 그 반사이익을 얻고자 하는 것이다. 최근 '가짜 뉴스'는 일명 낚시질로 사람들의 시선을 끌어 클릭을 유도한다. 많은 사람들이 클릭하면 할수록 조회수가 올라가고 결국 그것을 제작한 사람의 수익 창출로 연결되는 것이다. 문제는 그 뉴스들이 가볍게 웃으며 지나칠 정도의 농담이 아니라 개인의 인생에 치명적인 피해를 줄 수 있다는 점이다.

단순히 개인뿐 아니라 특정 집단 또는 단체에 대한 가짜 뉴스가 생기면 그 피해는 기하급수적으로 증가하게 된다. 약 100년 전 일본에서 이 가짜 뉴스로 인해 수많은 조선 사람들이 소중한 생명을 잃었다. 1923년 9월 일본 간토(關東) 지역에서 진도 7.9의 지진이 발생해 10만 명 이상의 사상자가 발생했다. 당시 일본 정부는 대

규모 재난을 제대로 대처하지 못하면서 국민들의 불만이 확산되었다. 그러자 이러한 비난의 화살을 돌리기 위해 언론까지 동원해 조선인들이 방화를 주도했으며, 우물에 독약을 풀어놓고 있다는 소문을 퍼뜨리기도 했다. 한 언론은 칼럼을 통해 유언비어로 나도는 조선인 범죄에 대해 "그들의 평소 행동을 보면 있을 법한 일이다"라고 표현함으로써 분위기를 조성하기도 했다. 그 결과 똑같은 지진 피해를 입은 조선인들은 가해자라는 오명을 뒤집어썼고 결국 화가 난 일본 사람들에 의해 무차별 폭행을 당하거나 수많은 사람들이 죽기도 했다.

이러한 가짜 뉴스의 희생양이 되지 않기 위해서는 어떻게 해야 할까? 명확한 팩트 체크를 할 수 있어야 한다. 즉, 가짜 뉴스를 듣고 걸러낼 수 있는 능력을 키워야 한다. 만약 가짜 뉴스를 듣거나 보더라도 제대로 팩트 체크를 하지 못해 그것이 가짜 뉴스인 줄 몰라본다면 나도 모르게 다른 사람에게 가짜 뉴스를 전파하고 있는 사람 중 한 명이 될 수 있다.

《하버드 협상 강의》에서는 가짜 뉴스에 어떻게 대처해야 하는가에 대해 언급한다. '협상 과정 중에 등장하는 가짜 정보는 마치 연막탄처럼 눈을 가려 상대방이 당신의 진짜 의도를 알아차리지 못하게 만들고 미리 준비해둔 함정에 빠지게 만든다. 그러나 가짜 정보를 발견 즉시 당장 폭로할 필요는 없다. 그 안에 숨은 계략을 알아내고 역이용해서 원하는 바를 이룰 수 있기 때문이다.' 이처럼 서로 상대방과 대화를 하다 보면 상대방의 현란한 말솜씨에 속아 넘어갈 때가 있다. 항상 대화할 때는 상대방이 파놓은 함정이 무엇인지 귀를 기울여야 한다. 그 과정을 통해 상대방이 파놓은 함정을 발견할 수 있다. 그러나 함정을 발견했다는 것을 상대방에게 바로 알릴 필요는 없다. 상대방이 왜 이곳에 함정을 파놓았는지 의도를 파악한 뒤 결정적인 순간에 그 함정에 상대방을 빠뜨릴 수 있는 기회로 이용할 수 있기 때문이다.

거짓말쟁이가 받는 가장 큰 벌은 그 사람이 진실을 말했을 때에도 다른 사람이 믿어주지 않는 것이다.

- 《탈무드》 중에서

자기만족에 빠진 삶은 주변 사람들을 힘들게 할 뿐이다

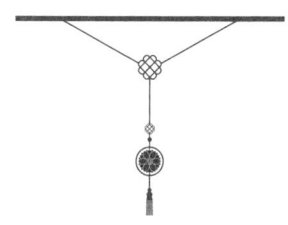

'뚱뚱한 고양이 증후군(the fat-cat syndrome)'이라는 심리학 용어가 있다. 성공한 사람이 성공에 취한 나머지 효율적이지 않은 부분을 개선하지 않고 기회를 놓쳐버리는 현상이다. '성공에 취한다'는 것은 지금까지 걸어온 길에 대해 만족하고 계속 유지하고자 하는 것인데, 부족한 부분을 보완하지 않을 경우 다음은 성공이 아니라 실패하게 될 확률이 높아진다.

《손빈병법》에서는 전쟁에 임하는 장수가 '뚱뚱한 고양이 증후군'이 있는 것처럼 '재능이 없는데도 스스로 재능이 있다고 뽐내거나, 교만하거나, 적시성을 놓치거나, 반응이 느린 경우에는 패배한다'고 했다.《한비자》에서도 이와 같은 행동할 경우 전쟁에서 패배하게 된다는 것을 송나라 양공의 고사를 통해 강조했다.

宋襄公與楚人戰於涿谷上, 宋人既成列矣, 楚人未及濟,

右司馬購強趨而諫曰 楚人眾而宋人寡, 請使楚人半涉

未成列而擊之, 必敗

襄公曰 寡人聞君子曰 不重傷, 不擒二毛, 不推人於險, 不迫人於厄

不鼓不成列

今楚未濟而擊之, 害義

請使楚人畢涉成陣而後鼓士進之

右司馬曰 君不愛宋民, 腹心不完, 特為義耳

公曰 不反列, 且行法

右司馬反列, 楚人已成列撰陣矣, 公乃鼓之

宋人大敗, 公傷股, 三日而死

此乃慕自親仁義之禍

夫必恃人主之自躬親而後民聽從, 是則將令人主耕以為上

服戰雁行也 民乃肯耕戰, 則人主不泰危乎! 而人臣不泰安乎!

송나라 양공이 초나라와 강이 있는 탁곡 일대에서 전쟁을 했다. 송나라 군대는 미리 와서 전쟁 준비를 다 했으나, 초나라는 아직 강을 건너지 못한 상태였다. 송나라 신하인 구강이 양공에게 "초나라 군대가 송나라보다 많습니다. 다만, 초나라 군인들이 아직 강을 대부분 건너지 못한 지금 그들을 공격하면 반드시 승리할 수 있을 것입니다"라고 간언했다. 그 말을 들은 양공은 "나는 군자라 함은 다친 이를 죽이지 않고, 나이 든 노인은 사로잡지 않으며, 적을 위험한 곳으로 몰아붙이지 않고 무리하게 추격하지 않으며, 준비가 되지 않은 적을 공격하지 않는다고 알고 있소. 지금 초나라 군대가 아직 강을 건너지 않았는데 공격한다면 이는 의로움을 저버리는 것이오. 나는 초나라 군대가 강을 모두 건넌 후 준비가 되면 그때 북을 울린 뒤 공격할 것이오"라고 했다. 구강은 "왕께서는 송나라 병사들의 목숨보다 도의를 더 중요하게 생각하시는 것입니까?"라고 다시 한번 건의했으나 양공은 받아들이지 않았다. … 결국 송나라는 전쟁에서 크게 패했으며, 양공은 다리에 심각한 부상을 당한 뒤 사흘 후에 죽었다. 이렇게 자신만의 신의를 지키는 것만 신경 쓰다 큰 일을 그르칠 수 있다.

- 32편 외저설. 좌상(外儲說. 左上)

송나라 군주였던 양공은 '적과는 정정당당한 상황에서 싸워야 한다'는 확고한 가치관을 가지고 있었다. 신하들이 공격해야 할 타이밍이라고 간언해도 듣지 않았고 오히려 나무라기까지 했다. 결국 초나라에게 크게 패하고 양공 본인도 부상을 입고 3일 만에 죽고 말았다. 지금까지 살아오면서 유지했던 삶의 태도를 전쟁터라고 해서 바꾸고 싶어 하지 않았던 양공의 마음은 충분히 이해가

간다. 그러나 본인 가치관을 지키는 것에 연연하다 소중한 수많은 부하들을 죽음의 길로 인도하는 안내자가 된 것이다.

만약 양공이 자신의 생각만 고집하지 않고 강을 건너고 있던 적을 공격했다면 어땠을까? 꼭 승리했다고 단언할 수 없지만 고사처럼 허무하게 패배하지는 않았을 것이다. 《삼략》에서는 '적이 움직이면 주의해서 살피고, 적이 가까운 곳에 있으면 엄중히 수비하고, 적이 강하면 나 자신을 낮추어 적이 교만하게 만들고, 적의 세력이 왕성하면 약화될 때까지 기다려라'라고 하며 변화하는 적의 움직임에 따라 융통성 있는 행동의 중요성을 강조했다.

《사람을 남겨라》에서는 특히 실무자로서 탁월한 성과를 거둔 덕에 남들보다 빨리 리더의 자리에 올랐다면 과거의 성공이 독이 되지 않도록 스스로를 비울 필요가 있다고 강조했다. 그러나 리더뿐 아니라 모든 사람들은 솔직히 지금까지 자신이 어느 정도 성공을 해왔다고 자부하는 것에 변화를 주는 것을 꺼린다. '지금까지 잘해왔는데 굳이 바꿔야 하나?'라고 생각하기 때문이다. 《위대한 혁신》에서도 현실을 인정하고 새로운 결정을 내린다는 것, 그리고 구체적인 정책을 다시 짜고 현실을 냉정히 바라본다는 것은 어느 하나 쉬운 일이 아니라고 했다. 또한, 웬만큼 겸손하지 않으면 '우리가 잘못했군'이라고 말하기 어렵다.

우리는 자기만족과 교만이 아닌 겸손함을 가지고 현실에 맞서야 한다. 만약 자아도취에 빠져 내 것만 고집하면 주변 사람들까지 힘들게 할 수 있다. 상황의 변화를 감지하기 위해 항상 눈과 귀를 기울여야 하고 혹시 그 시기를 놓쳤다면 빨리 잘못을 인정하고 그 순간부터라도 올바르게 나아가도록 노력해야 한다. 그렇지 않고 그 순간 고집을 부리게 되면 가야 할 목표와 더 멀어질 뿐이다.

현인이라 하더라도 지식을 뽐내는 자는
무지를 부끄러워하는 어리석은 자만 못하다.

−《탈무드》중에서

공정한 경쟁이 있어야 패자가 승자를
진심으로 축하해줄 수 있다

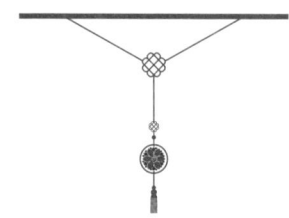

무고죄(誣告罪)는 수사기관에 피해 사실을 거짓으로 신고하는 범죄를 말한다. 쉽게 말해 허위신고다. 누군가가 자신 또는 지인의 죄를 덮기 위해 죄가 없는 또 다른 누군가에게 그 죄를 덮어씌우는 것인데 죄도 짓지 않은 사람 입장에서는 그런 상황에 처하면 얼마나 억울하겠는가?

반대로 죄를 지었다면? 당연히 죗값을 치러야 한다. 그렇지만 그 죗값은 잘못을 저지른 부분만 해당된다. 만약 지은 잘못과 상관없이 생김새나 가족 등 관련 욕설이나 신상털이 등을 당했다면 이것은 다른 문제다. 자칫 자신이 잘못한 범죄는 잊어버리고 당한 것만 기억하며 스스로 억울하다고 생각해 그 사람에게 복수하려는 마음을 품을 수도 있다. 무고죄도 범죄 행위지만 잘못한 부분

외의 것들에 대해 함부로 대하는 것 역시 범죄가 될 수 있다.

《한비자》에도 이 부분에 대해 다루고 있는 고사가 있다. 죄를 지어 발이 잘리는 끔찍한 형벌을 받은 한 사람이 판결을 내렸던 이가 감정대로 하지 않고 공정하게 처리했으며, 판결을 내린 뒤에도 안타까워하는 모습을 본 뒤 그 결과를 온전히 받아들였다. 세월이 지난 후 판결을 내렸던 이가 정치적인 일에 휘말려 다른 지역으로 도망쳐야 하는 상황이 발생했을 때 형벌을 받았던 사람이 도망가도록 도와주면서 대화를 나누는 장면이다.

孔子相衛, 弟子子皋爲獄吏, 刖人足, 所刖者守門

人有惡孔子於衛君者, 曰尼欲作亂

衛君欲執孔子 孔子走, 弟子皆逃

子皋從出門, 刖危引之而逃之門下室中, 吏追不得

夜半, 子皋問刖危曰 吾不能虧主之法令而親刖子之足

是子報仇之時, 而子何故乃肯逃我?

我何以得此於子?

刖危曰 吾斷足也, 固吾罪當之, 不可奈何

然方公之獄治臣也, 公傾側法令, 先後臣以言, 欲臣之免也甚, 而臣知之

及獄決罪定, 公憱然不悅, 形於顏色, 臣見又知之

非私臣而然也, 夫天性仁心固然也

此臣之所以悅而德公也

공자가 위나라 재상이었던 당시 그의 제자였던 자고가 죄를 지은 어떤 자의 발꿈치를 자르는 형벌을 내렸다. 발꿈치를 잘린 자는 그 후에 문지기가 됐다. 이후 자고가 도망가야 하는 상황이 되었을 때 문지기는 자고에게 "저는 제가 잘못한 죄로 인해 발꿈치가 잘린 것은 어쩔 수 없다고 생각합니다. 다만, 그때 당신께서 저의 죄를 판결할 때 여러 가지 방법으로 법을 해석도 하고, 되도록 죄를 감형해 주려고 노력했습니다. 재판으로 죄가 확정되자 당신께서는 그런 결과가 나온 것에 대해 힘들어하고 있다는 것을 알 수 있었습니다. 그때 저는 당신께서 내린 재판의 결과가 나에 대한 사사로운 편견이 아니라 공정하다는 것을 알았습니다. 이것이 제가 기꺼이 당신을 돕고자 하는 이유입니다."

- 33편 외저설. 좌하(外儲說. 左下)

'자고'는 죄인에게 발을 잘리는 형벌을 내렸지만 아이러니하게도 그 죄인, 즉 문지기 덕분에 목숨을 구할 수 있었다. 공정하게 업무를 처리함으로써 그 죄인에게 원한을 사지 않았기 때문이다. 죄를 짓는 것은 아니더라도 누군가와 경쟁에서 패배했을 때 드는 감정도 이와 비슷할 것이다.

만약 상대방과의 경쟁 과정이 공정했고, 상대방의 능력이 뛰어나 실력 차이가 날 경우 그 결과는 온전히 받아들일 수 있다. 쉽게 말해 내가 상대방에게 대결할 정도의 수준이 안 되었기 때문에 인정할 수밖에 없다. 그런데 만약 경쟁자의 능력보다 내가 더 뛰어나거나 최소한 비슷하다고 생각함에도 불구하고 상급자가 경쟁자에게만 특혜를 주거나 내게 불리한 상황을 조성해서 패배하게 되면 억울한 것은 물론 그 결과를 받아들이고 싶지 않을 것이다. 만약,《한비자》고사의 '자고'가 재판을 지은 죄보다 과하게 주고 결과가 나온 뒤에도 그런 벌을 받아도 당연한 것처럼 행동했다면 그 죄인이었던 문지기는 후에 결코 도망가도록 도움을 주지 않았을 것이다. 오히려, 신고해서 '자고'가 잡혀가도록 두었을 것이다.

나폴레옹은 '죽음은 아무것도 아니지만 패배한 채로 사는 것은 매일 죽는 것이다'라고 했다. 이처럼 전쟁뿐 아니라 회사 업무, 심지어 축구 등 스포츠를 하더라도 누군가에게 진다는 것은 기분 좋은 일은 아니다. 오죽하면 나폴레옹이 패배하는 것을 죽는 것과 같다고 표현했겠는가? 그만큼 누군가에게 패배한다는 것은 슬픈 일이고 비참한 일이다.

그러나 경쟁을 하면 승자와 패자는 항상 존재한다. 그렇다고 공정하지 못한 결과로 패배했더라도 슬퍼하고 좌절하면 더 이상 나아가지 못한다. 왜 패배했는지, 공정하지 못한 상황에 왜 놓이게 되었는가를 따져봐야 한다. 그래야 다음번에는 억울한 일을 당하지 않은 상태에서 내 역량만큼의 실력을 발휘할 수 있다. 즉, 최소한 공정한 경쟁이 이루어질 수 있도록 여건을 조성할 필요가 있다는 것이다.

또, 간과하지 말아야 할 것은 경쟁에서 승리자가 되었을 때, 그 경쟁에서 패배한 이들이 항상 나를 바라보고 있음을 명심해야 한다는 점이다. 그렇기 때문에 내가 생각할 때 그 과정이 아무리 공정하고 순전히 나의 노력으로 승리했다고 생각하더라도 패배한 이가 좌절감을 갖지 않고 같이 나아갈 수 있도록 신경 써야 한다.

《공정하다는 착각》에서도 성공한 사람들이 덜 성공한 사회 구성원들에게 무언가를 해주어야 한다고 강조했다. 다만, 이렇게 행동하느냐 아니냐는 내가 승리할 수 있도록 부여된 재능이 사회 시스템상에서 얻게 된 행운일 뿐 스스로 모든 것을 갖춘 것이 아니라는 생각을 할 때 가능하다고 했다. 이러한 마음 자세로 공정한 경쟁을 하고 승리를 한다면 그 경쟁에서 패배한 이도 여러분을 인정하고 박수쳐줄 것이다.

우리 모두는 동등한 재능을 가지고 있지는 않지만
재능을 위한 동등한 기회는 가져야 한다.

- 존 F. 케네디

완벽한 척하는 인생은
오해와 불신만 쌓일 뿐이다

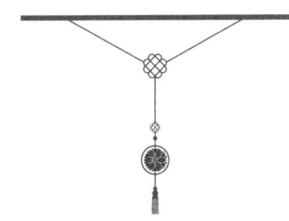

'염결가욕야(廉潔可辱也)'는 성품이 청렴하고 깨끗하면 치욕을 당할 수 있다는 뜻으로 대표적인 병법서 중 하나인 《손자병법》의 '구변편'에 나오는 내용이다. 성품이 청렴하고 깨끗하면 좋은 것 아닌가? 하고 생각할 수 있다. 물론 부패하고 잘못된 행동을 하는 사람과 비교하고자 하는 것이 아니다. 너무 청렴하게만 행동하려고 하다 보면 그것을 악용하는 사람들에게 이용당하고 치욕을 당할 수 있다고 주의를 주는 내용이다.

季孫好士, 終身莊, 居處衣服常如朝遷
而季孫適懈, 有過失, 而不能長為也

故客以爲厭易已,相與怨之,遂殺季孫° 故君子去泰去甚

노나라 계손은 선비들을 손님으로 자신의 집에 초대해 대화하는 것을 즐겨 했고, 평생 청빈한 삶을 살고자 했으며, 조정에서와 같은 복장을 집에서도 하고 있었다. 그러나 계손 또한 사람인지라 항상 그럴 수 없고 때로는 자세나 행동이 흐트러질 때도 있었다. 이러한 계손의 태도를 보고 손님으로 와있던 선비들은 자신들을 싫어하고 업신여긴다고 생각해 원망할 뿐 아니라 일부 과격한 사람들에 의해 계손은 목숨을 잃게 되었다. 이처럼 군자는 너무 극단적인 행동할 경우 그 행동으로 인해 자신이 해를 입을 수 있다.

- 33편 외저설. 좌하(外儲說. 左下)

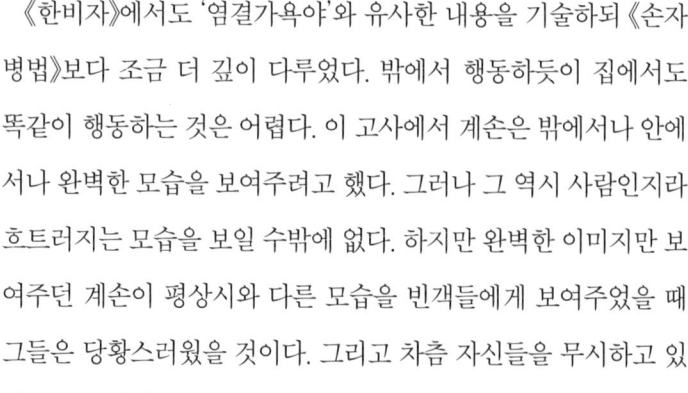

《한비자》에서도 '염결가욕야'와 유사한 내용을 기술하되《손자병법》보다 조금 더 깊이 다루었다. 밖에서 행동하듯이 집에서도 똑같이 행동하는 것은 어렵다. 이 고사에서 계손은 밖에서나 안에서나 완벽한 모습을 보여주려고 했다. 그러나 그 역시 사람인지라 흐트러지는 모습을 보일 수밖에 없다. 하지만 완벽한 이미지만 보여주던 계손이 평상시와 다른 모습을 빈객들에게 보여주었을 때 그들은 당황스러웠을 것이다. 그리고 차츰 자신들을 무시하고 있기에 흐트러진 모습을 보여준다고 생각하며 원망이 커졌을 것이다. 결국 자존심이 상한 빈객들은 화를 억누르지 못하고 계손을 죽였다.

　계손이 궁궐에서 신경 쓸 일도 많았고 몸도 피곤하기 때문에 집에 들어오면 편한 복장을 하는 등 흐트러진 행동을 하는 것은 전혀 잘못된 행동이 아니다. 다만, 계손은 평상시에 매사에 근엄하고 진지하게 행동한 것뿐 아니라 주변 사람들에게도 그렇게 행동할 것을 요구했을 것이다.

　만약 계손이 평상시에 스스로에게는 엄격하되 빈객들에게는 친절하게 대해주고 불편함이 없도록 했으면 설사 계손이 조금 흐트러진 모습을 보였더라도 빈객들은 오히려 계손에게 인간적인 모습을 보았기 때문에 친근감을 느끼거나 자신들이 도와줄 일은 없는지 알아보았을 것이다.

　그렇듯 계손과 같이 타인에게 엄격해서 다른 이에 밉보이지 않은지 되돌아볼 필요가 있다. 특히, 리더의 위치에서 팀 또는 부서원들과 관련된 일을 직접 듣지 못하고 한참 뒤에 누군가를 통해 듣는 경우가 종종 생긴다면 더욱 긴장해야 한다. 《사람을 남겨라》에서는 이것을 '나만 몰랐어'병이라고 했다. 이 병을 예방하기 위해서는 부서원들 앞에서 너무 완벽한 상사인 척해서는 안 된다. 차라리 '이 분야는 전문가인 자네의 의견이 필요해' 하며 도움을 청하는 것이 훨씬 현명하다. 부서원들이 생각할 때 상사가 항상 지시하고 확인하는 자리가 아닌 때로는 서로 도움을 주고받는 관계라고 생각할 때 자신감은 물론 업무의 시너지 효과도 생길 수 있다.

리더뿐 아니라 부서원들도 마찬가지다. 너무 완벽하게 보이려고 스스로를 감추는 데 신경 쓸 필요 없다. 모르는 부분이 있으면 리더에게 알려달라고 솔직하게 이야기하면 의외로 쉽게 풀릴 때가 많다. 오히려 인간적인 교감이 이루어지지 않은 상태에서 완벽만을 추구하다 문제가 발생할 수 있다. 완벽주의자들은 실수하는 일이 생겼을 때 '지금까지 잘해왔으니 이 정도 실수는 이해해주겠지'라고 생각할 수 있지만 그 순간 나락으로 떨어질 수 있다. 상대방이 이해하기보다 오해할 가능성이 크기 때문이다.

《공정하다는 착각》에서는 '완벽주의'가 능력주의의 대표적인 병폐라고 했다. 수많은 젊은이들이 끝도 없이 학교, 대학, 직장에 의해 선별되고, 구분되고, 등급이 매겨지는 과정 속에서 서로 싸우고, 실적을 내고, 업적을 이루도록 강요받고 있기 때문에 스스로 완벽한 척하려고 노력한다. 그리고 서로 간에 어느 정도의 실수를 눈감아주거나 용인해줄 수 있는 틈이 보이지 않는 것이다.

평상시에 혼자 똑똑한 척하며 '가면'을 쓰는 것은 자신의 선택이다. 그러나 주변 사람들까지 피곤하게 할 필요는 없다. 그럼에도 불구하고 그 '가면'을 유지하고자 한다면 여러분의 '가면'이 벗겨지는 그 순간 주위 사람들로부터 수많은 비난을 감당해야 할 것이다. 만약 '가면'이 벗겨지더라도 '가식'이 아닌 '친근함'을 느낄 수 있도록 행동하는 것이 중요하다. 좀 실수하고 틈을 보여주면 어떤가? 그럴수록 사람 냄새가 나고 더 이해의 폭이 넓어지지 않겠는가?

창의력을 발휘하려면 실수를 많이 해봐야 한다.
어떤 실수가 건질 만한 실수인지 식별해내는 것이 비결이다.

- 스콧 애덤스

동료들의 능력과 성향을 알아야 시너지 효과가 난다

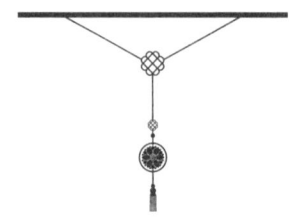

《탈무드》에서는 음식 같이 매일 필요한 친구, 약과 같이 가끔 필요한 친구 그리고 질병과 같아서 항상 피해 다녀야 하는 친구 등 세 종류의 친구가 있다고 했다. 학교에서 같은 반이고 매일 얼굴을 보며 생활한다고 해서 모두 친하게 지내지는 않는다. 오히려 같은 반이 아니어도 마음이 맞는 친구는 하교 후에도 SNS로 연락하고 휴일에는 시간을 내서 따로 만나기도 한다. 보통은 같은 반 친구들과는 인사하며 지내고 서로 부탁할 일이 있으면 부탁한다. 그런데 가끔 혼자 할 수 있는 일인데도 부탁하는 친구가 있다. 한두 번이면 괜찮은데 여러 번 부탁하면 난감할 때가 많다. 게다가 내가 필요한 것이 있어서 부탁한 경우 응답이 없으면 그다음부터 그 친구를 만나거나 부탁을 해올 때 피하게 된다.

이처럼 친구들마다 성격이 다르고 서로 간에 느끼는 친밀도가 다르다. 학교뿐 아니라 직장에서도 마찬가지다. 같이 일하고 싶은 동료가 있고, 피하고 싶은 동료가 있다. 범위를 확장시켜 보면 팀장 입장에서 프로젝트를 같이 추진하고 싶은 팀원이 있을 것이고, 팀원들 입장에서는 자기 팀장과 다른 팀장을 비교할 것이다. 《한비자》에서는 상급자가 하급자의 특성을 알고 그에 맞게 임무를 주는 것이 필요함을 언급했다.

主俯而笑曰 夫樹相梨橘柚者, 食之則甘
嗅之則香, 樹枳棘者, 成而刺人
故君子慎所樹

조나라의 간주는 고개를 숙이고 웃으며 말했다.
"귤나무를 심으면 귤의 향긋한 냄새도 맡을 수 있고 맛있게 먹을 수 있지만, 가시나무를 심으면 결국 가시나무에 찔리게 된다. 따라서 군자는 어떤 사람을 길러낼 것인지에 대해 항상 신중해야 한다."

- 32편 외저설. 좌하(外儲說. 左下)

내 주변에 귤나무를 심는 사람들만 있으면 얼마나 좋겠는가? 덕분에 맛있는 귤도 먹고 향긋한 냄새가 진동할 것이다. 그런데 가시나무를 심은 사람만 있다면? 움직일 때마다 가시에 찔려 온몸에 피가 나는 게 무서워 제대로 움직이지도 못할 것이다.

그러나 잊지 말아야 할 것은 내가 다른 사람의 성격을 파악하고 그에 맞춰 행동하는 것처럼 주변 사람들 역시 내 성격이 어떤지 파악하려 한다는 것이다. 나 역시 내 주변 사람들에게 귤나무를 심는 사람처럼 느껴질 수도 있고 가시나무를 심는 사람처럼 느껴질 수도 있음을 잊지 말아야 한다. 즉, 나와 상대방의 성격을 알고 파악하기 위한 노력이 필요하다.

몇 년 전부터 사람들의 성격을 알아보는 MBTI가 유행하고 있다. 열여섯 가지 성격 유형에 나와 내 주변의 사람들이 어떤 유형인지 알아보기 위함인데, 특정 유형에 맞는 행동을 했을 때 "역시 이럴 줄 알았어. 딱 맞네"라고 이야기하기도 한다. 결국 목적은 주변 사람들의 성격을 이해하고 잘 지내기 위함이다. 그래서인지 요즘에는 사람을 처음 만났을 때 MBTI 유형이 무엇인지부터 물어본다고 한다.

서로 이해하는 부분이 많아지면 불필요한 오해가 없어지고, 업무를 추진할 때 불필요한 감정 소비를 하지 않기 때문에 시너지 효과를 낼 수 있다. 버나드 쇼는 '당신 손 안의 사과 한 개와 내 손 안의 사과 한 개를 맞바꾸어 봅시다. 그러면 당신이나 나나 사과가 한 개뿐입니다. 이번에 당신 손 안의 아이디어 한 개와 내 손 안의 아이디어 한 개를 맞바꾸어 봅시다. 그러면 우린 각각 아이디어가 2개입니다'라고 하면서 상호 긴밀한 의사소통의 중요성에 대해 언급하기도 했다.

업무를 추진할 때 서로 아이디어를 교환하는 것은 무엇보다 중요하다. 특히, 처음 프로젝트의 방향을 설정하는 브레인 스토밍을 할 때는 더욱 그렇다. 때로는 엉뚱한 아이디어가 중요한 아이디어의 출발점이 되기도 한다. 이때 상대방 아이디어에 편잔을 주거나 비난하는 행동은 곤란하다. 가시나무를 여기저기 심는 행동이기 때문이다.

《정관정요》에서도 위 내용의 중요성을 언급했다. '입신출세의 성패는 사람이 접촉하여 물드는 환경에 달려 있다. 향기로운 난초와 절인 생선은 사람이 어느 것과 함께 하느냐에 따라 모두 그 냄새에 젖어든다. 따라서 가까이서 젖어드는 습관에 신중해야 하고 또 이를 깊이 생각하지 않을 수 없다.'

이렇게 주위에 있는 사람들과 좋은 것에 젖어들기 위해서는 주변 사람들이 그 사람의 까칠한 성격을 부드럽게 만들려는 노력이 필요하다. 브레인 스토밍할 때 편잔주는 사람을 무조건 배제하기보다 함께 갈 수 있도록 하는 것이다. 그럼으로써 그 사람이 심어 놓은 가시나무를 다시 뽑아줄 수 있다. 그러다 보면 그는 다음번에는 가시나무가 뽑힌 자리에 향긋한 냄새가 나는 귤나무를 심으려 할 것이다. 같이 나아가기 위해 노력할 때 가장 좋은 결과가 날 수 있다.

내 뒤에서 걷지 말라. 나는 지도자가 되고 싶지 않으니까.

내 앞에서 걷지 말라. 나는 추종자가 되고 싶지 않으니까.

내 옆에서 걸으라. 우리가 하나가 될 수 있도록.

-미국 유타주의 이름이 생겨나게 한 인디언 부족 유트족 금언

일한 만큼 인정해주지 않는 조직은
앞으로 나아갈 수 없다

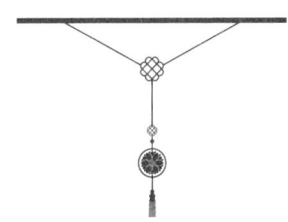

2018년 백상예술대상 작품상을 받았고 많은 사람들이 인생 드라마로 뽑는 데 주저하지 않는 〈나의 아저씨〉는 마음에 깊이 남는 대사들이 많았다. 그중에서 주인공 이지안(아이유 님)이 회사를 다니면서 느꼈던 부분에 대해 회사 임원들 앞에서 언급하는 장면이 있다.

"배경으로 사람 파악하고, 별 볼 일 없다 싶으면 빠르게 왕따시키는 직장문화에서 알아서 투명 인간으로 살아왔습니다. 그러나 박동훈 부장(이선균 님)은 파견직이라고 부하직원이라고 함부로 하지 않았습니다. 오늘 잘린다고 해도 처음으로 사람 대접 받아봤고 어쩌면 내가 괜찮은 사람일 수도 있겠다고 생각하게 해준 이 회사에 박동훈 부장님께 감사할 겁니다. 여기서 일했던 3개월이

21년 제 인생에서 가장 따뜻했습니다."

주인공은 회사의 정직원이 아닌 사무실 행정 업무를 도와주는 직원이었다. 월급도 적고, 복지 혜택도 없었다. 게다가 일부 직원들은 무시하거나 핀잔을 주기도 했다. 그렇지만 박동훈 부장(이선균 님)이 이지안(아이유 님)을 인정하고 따뜻하게 대해주면서 회사에 대한 부정적 인식이 긍정적으로 바뀌게 된다.

이처럼 자신이 하는 일에 대해 누군가가 알아주고 인정하는 것에 대해 중요하다고 생각한다. 나의 존재가 부정당하지 않는 것은 물론 가치 있는 사람임을 느끼게 해주기 때문이다. 그런데 업무를 열심히 해서 성과가 있음에도 불구하고 인정받지 못한다고 느끼거나 그런 대우를 받게 되면 다니는 회사에 대해 부정적인 인식을 가지게 될 수밖에 없다. 《한비자》에서도 공을 세운 자를 인정해주지 않을 경우 불만이 쌓일 수밖에 없다고 했다.

◆

辭辯而不法, 心智而無術, 主多能而不以法度從事者, 可亡也
親臣進而故人退, 不肖用事而賢良伏, 無功貴而勞苦賤
如是則下怨 下怨者, 可亡也

만약 군주가 언변이 뛰어나지만 법률에 맞지 않는 이야기를 하거나, 머리 회전은 빠르지만 리더십이 없으며 다양한 재능을 가지고 있지만 규정에 맞게 업무를 처리하지 않는다면 그 나라는 반드시 망할 것이다. 군주가 몇 년 일하지 않은 신하를 편애해서 승진시키고 오랫동안 묵묵하게 자신의 일을 한 신하는 쫓아내거나 … 나라에 기여하지 않은 이에게 상을 주고, 나라에 기여한 이의 행동은 가벼이 여길 경우 많은 신하들은 이에 원망을 가질 것이며, 결국 그 나라는 망할 것이다.

- 15편 망징(亡徵)

본인이 한 것만큼 인정을 못 받는 것뿐 아니라, 팀원으로 이름만 올려놓고 옆에서 팔짱만 끼고 있던 이가 인정받아 승진하고, 포상금도 받는 등 영예를 독차지하는 상황이라면 어떻겠는가? 회사 내부에서는 금방 소문이 퍼질 것이고 열심히 일하는 분위기보다 윗사람에게 잘 보이는 것에 노력하거나 기회만 되면 다른 곳으로 이직하려고 할 것이다. 이런 분위기에서는 출근하기도 싫고 스트레스도 쌓이고 심하면 우울증이 생길 수도 있다.

상급자 혹은 팀장이 이런 원인을 제공하지 않으려면 어떻게 해야 할까? 두 가지를 기억하고 실천하는 것이 필요하다. 첫 번째는 칭찬해야 하는 시점을 놓치면 안 되고 받는 사람이 예상하는 것보다 과감하게 보상해줄 필요가 있다. 《삼략》에서는 '현자에게 봉록을 줄 때는 재물을 아끼지 말아야 하고, 공을 세운 자에게 포상할 때는 때를 넘기지 말아야 한다. 무릇 용인(用人)의 도는 관직을 주어 존귀하게 만들고, 재물을 주어 넉넉하게 만드는 데 있다. 예로써 맞이하고, 의로써 격려하면 의사가 나라를 위해 목숨을 내던진다'라고 했다. 인정을 받는 사람 입장에서는 업무에서 성과를 낸 뒤에 바로 칭찬을 받는 것뿐 아니라 생각했던 것보다 큰 보상을 받을 경우 더욱더 열심히 업무를 하는 큰 동기부여가 될 것이다.

두 번째, 과거에 잘못한 것 때문에 이번에 한 행동에 대해 인색하거나 예전에 성과가 있었으나 이번에 잘못한 부분에 대해 책임을 묻는 것에 주저한다면 둘 다 조직에 마이너스가 될 수 있음을 명심해야 한다. 《육도》에서는 '내심 미워하는 사람도 공이 있으면 상을 주고, 사랑하는 사람도 죄가 있으면 반드시 처벌한다'라고 했다. 즉, 지금까지 미흡한 부분이 있어 이번 기회에 만회하려고 열심히 한 팀원의 경우 성과가 있었음에도 불구하고 아무 말 없이 그냥 넘어가는 분위기라면 당황할 수 있다. '여기서는 아무리 열심히 해도 안 되는구나'라고 생각할 것이다. 반대로, 지금까지 잘 해왔는데 이번에는 회사에 큰 손실을 주었음에도 불구하고 그냥 넘어가는 분위기가 되면 운 좋게 느낄지 모르지만 주변 사람들은 공정하지 않다고 생각해 회사를 불신할 것이다.

《공정하다는 착각》에서는 불공정하게 특혜로 인정받는 이들은 오히려 스스로에게 정당성을 부여하는 경향이 있다고 했다. '불평등한 사회에서 꼭대기에 오른 사람들은 자신들의 성공이 도덕적으로 정당하다고 믿고 싶어 한다. 능력주의가 원칙이 되는 사회에서는 승리자가 되어 스스로의 재능과 노력으로 여기에 섰다'고 믿고 싶어 한다고 했다. 회사를 이끌어 가는 회장이라면 스스로 이런 사람들을 주요 자리에 앉히지 말아야 함은 물론 그런 분위기를 없애야 한다. 그렇지 않을 경우 〈나의 아저씨〉의 주인공이 이야기했던 감사하게 생각하는 회사가 아닌, 떠나고 싶어 하는 회사가 되고 말 것이다.

주변 사람들로부터 자신의 존재를 인정받고 존경받고 칭찬받고
사랑받으려는 욕망은 사람의 마음에서 어릴 때부터
내재해 있는 가장 강렬한 인간 기질의 하나다.

- 존 애덤스

입장이 다름을 인식해야만
같이 나아갈 수 있다

故臣主同欲而異使 人主之患在莫之應, 故曰, 一手獨拍, 雖疾無聲
人臣之憂在不得一, 故曰, 右手畵圓, 左手畵方, 不能兩成
故曰, 至治之國, 君若桴, 臣若鼓, 技若車, 事若馬

군주와 신하는 같은 것을 얻고자 하더라도 신분의 차이가 있어 생각하는 바가 다르다. 따라서 군주는 자신이 하고자 하는 일에 신하들이 호응하지 않으면 근심하게 된다. 이는 "한 손으로만 박수를 칠 경우 아무리 빠르게 휘둘러도 소리가 나지 않는다"는 말과 같다. 신하는 한 가지에만 전념하지 못하고 다양한 것들을 걱정한다. 그래서 "오른손으로 원을 그리고 왼손으로 사각형을 그리면 양쪽다 제대로 그릴 수 없다"는 말이 있다. 또한, "군주가 잘 통치하는 나라의 경우 군주는 북채, 신하는 북과 같다고 할 수 있으며, 말을 어느 방향으로 이끄느냐에 따라 수레가 따라갈 수 있다."

- 28편 공명(功名)

《한비자》는 단순히 군주가 높은 위치에 있다고 해서 신하에게 지시만 하면 모든 일이 제대로 돌아갈 거라고 생각해서는 안 된다고 했다. 신하는 군주가 이야기하는 것을 제대로 이해하지 못할 수 있을 뿐 아니라 이해했다 하더라도 임무를 수행하면서 자신에게 해가 올 것 같으면 그 일에 최선을 다하지 않거나 오히려 반대로 행동할 수 있기 때문이다. 즉, 《한비자》는 신하와 군주가 직분이 달라 서로를 이해하지 못할 경우 성과를 낼 수 없음을 언급하며, 서로 다름을 이해하는 것이 중요함을 강조했다.

17세기 독일의 철학자 라이프니츠는 '세상에 똑같은 나뭇잎은 없다'고 했다. 《심리전쟁》에서도 세상에 같은 나뭇잎이나 눈꽃이 존재하지 않는 것처럼 세계에서 완전히 같은 사람이나 사물은 존재하지 않는다고 했다. 그렇기 때문에 상대방의 행동을 오해하지 않고 이해하려면 나와 상대방이 다름을 인식하는 것이 무엇보다 중요하다.

다름은 생김새나 행동만을 의미하지 않는다. 서로 간에 주어진 직책이 다른 것도 포함된다. 각자 맡은 바 책임이 다르다. 회사에서는 사장과 부장, 과장, 대리 등 각자 해야 할 역할이 있다. 각 직위에 있는 사람들은 현재 자신에게 주어진 임무가 가장 바쁘고 힘들다고 생각한다. 그러기 때문에 다른 직위에 있는 사람들이 현재 자신이 하고 있는 업무를 이해해주고 도와주길 바란다.

《한비자》에서도 언급했듯이 절대 권력자인 군주도 이렇게 자신의 뜻을 모두 이해시키고 관철시키기가 힘든데 우리가 살아가고 있는 사회에서 각자의 업무를 서로 이해하지 못한 상태에서 무엇인가를 추진할 경우 제대로 성과를 내기란 더욱 어려울 수밖에 없다. 그렇다고 상급자가 성과만을 강요해 무리하게 밤늦게까지 업무를 시킬 수 없다. 팀원 또는 구성원들도 일은 하지 않으면서 많은 월급을 받기를 기대해서는 안 된다. 최소한 보수를 받는 만큼은 성과를 낼 수 있는 능력을 보여줘야 한다.

조직의 어느 위치에 있는지를 떠나서 서로 다름을 이해하기 위해 무엇보다 필요한 것은 자기 객관화다. 현재 내 위치에서 무엇을 해야 하는지와 할 수 있는지를 명확하게 알아야 한다. 할 수 없는데 과욕을 부려서도 안 되고, 할 수 있는데 소극적인 태도를 보여서도 안 된다.

상대방이 기대하는 것보다 더 많은 성과를 내는 것은 개인별 역량에 달려 있기 때문에 그것은 제외하더라도 우선 상대방이 생각하는 일정 수준에 도달하는 것이 필요하다. 상대방이 바라보는 기대치가 터무니 없이 높거나 낮으면 서로 대화를 통해 조절하면 된다. 그것 역시 서로 다름을 인정하고 받아들이는 과정이고 이것을 통해 우리 조직이 앞으로 나아갈 수 있기 때문이다.

《콜린 파월의 실전 리더십》에서 콜린 파월은 군단장 시절 충성의 개념에 대해 "우리가 어떤 문제를 놓고 논쟁을 벌일 때, 여기서 '충성'이란 상관인 내가 좋아하든 말든 여러분의 가장 정직한 의견을 제시하는 것이다. 이 단계에서 의견 충돌은 나를 자극할 뿐이다. 하지만 일단 결론이 나고 나면 논쟁은 끝난다. 이 시점에서 의견 충돌은 그 결론이 마치 자기 자신의 의견이었던 것처럼 받아들이고 실행하는 것이다"라고 했다. 군대에서 주로 사용하는 용어인 '충성'을 사회에 바로 적용하는 것이 어색할 수도 있다. 하지만 한 조직에서 서로 간에 자유로운 의사소통의 중요성 측면에서 새겨둘 필요가 있다. 허심탄회한 의사소통 과정을 통해 서로 다름을 이해할 수 있기 때문이다. 그리고 논의를 통해 결정이 되면 그 방향으로 나아가기 위해서 다 같이 노력하는 것이다. 그것이 직위를 떠나 서로 간에 진정으로 도움을 주는 새로운 개념의 충성인 것이다.

창문을 열고 숨김없이 이야기하라.

- 중국 속담

참고문헌

기본서

《한비자》

단행본

- 한비《한비자》, 김원중 옮김, 글항아리, 2013.
- 한비《한비자 제왕학의 창시자》, 김현주·문승용·이우용·정호준·홍병혜 공저, HUINE, 2016.
- 강원국《대통령의 글쓰기》, 메디치미디어, 2017.
- 고바야시 가오루《피터 드러커 미래를 읽는 힘》, 남상진 옮김, 청림출판, 2002.
- 김경집《생각의 융합》, 더숲, 2015.
- 노자《도덕경》, 김원중 옮김, 휴머니스트, 2018.
- 니콜로 마키아벨리《군주론》, 김운찬 옮김, 현대지성, 2021.

- 로버트 그린《전쟁의 기술》, 안진환 옮김, 웅진지식하우스, 2007.
- 마빈 토가이어《탈무드 잠언집》, 현용수 옮김, 쉐마, 2016.
- 마이클 센델《공정하다는 착각》, 함규진 옮김, 와이즈베리, 2020.
- 모티머 J. 애들러《개념어 해석》, 최홍주 옮김, 모티브북, 2007.
- 몽테뉴《몽테뉴 수상록 1》, 손우성 옮김, 동서문화사, 2016.
- 몽테뉴《몽테뉴 수상록 2》, 손우성 옮김, 동서문화사, 2016.
- 범립본《명심보감》, 김원중 옮김, 휴머니스트, 2017.
- 법정《무소유》, 범우사, 1999.
- 브라이언 트레이시《백만불짜리 습관》, 서사봉 옮김, 용오름, 2005.
- 손자《손자병법》, 김광수 옮김, 책세상, 1999.
- 신동준《무경십서 2:사마법, 울료자, 손빈병법》, 위즈덤하우스, 2012.
- 신동준《무경십서 4:육도, 삼략, 삼십육계》, 위즈덤하우스, 2013.
- 신용한《위기가 오기 전에 플랜 B를 꺼내라》, 위즈덤하우스, 2008.
- 아리스토텔레스《니코마코스 윤리학》, 옮긴이 없음, 흐름출판, 2011.
- 오긍《정관정요》, 김원중 옮김, 휴머니스트, 2016.
- 유발 하라리《사피엔스》, 조현욱 옮김, 김영사, 2015.
- 애덤 그랜트《오리지널스》, 홍지수 옮김, 한국경제신문사, 2020.
- 이상훈《1만 시간의 법칙》, 위즈덤하우스, 2010.
- 이중톈《이중톈의 이것이 바로 인문학이다》, 이지연 옮김, 보아스, 2015.
- 이지성《리딩으로 리드하라》, 차이정원, 2016.

- 이철희《1인자를 만든 참모들》, 페이퍼로드, 2009.
- 전옥표《이기는 습관》, 쌤앤파커스, 2007.
- 최현식《2030 인재의 대이동》, 김영사, 2016.
- 피터 드러커《피터 드러커의 위대한 혁신》, 권영설, 전미옥 옮김, 한국경제신문사, 2006.
- 에드거 F. 퍼이어《명장의 코드》, 윤상용 옮김, 한울, 2020.
- 이문열《젊은 날의 초상》, 알에이치코리아, 2020.
- 앙투안 드 생텍쥐페리《어린 왕자》, 황현산 옮김, 열린책들, 2015.
- 앙투안 드 생텍쥐페리《인간의 대지》, 김윤진 옮김, 시공사, 2014.
- 정동일《사람을 남겨라》, 북스톤, 2015.
- 증자·자사《대학 중용》, 김원중 옮김, 휴머니스트, 2020.
- 콜린 파월, 토니 콜츠《콜린 파월의 실전 리더십》, 남명성 옮김, 샘터, 2013.
- 추이스숑,《심리전쟁》, 이아형 옮김, 연암사, 2013.
- 하버드 공개 수업 연구회《하버드 협상 강의》, 송은진 옮김, 북아지트, 2018.
- 홍자성《채근담》, 김원중 옮김, 휴머니스트, 2017.

신문 잡지

- "국악 이야기 – 궁상각치우는 우리 음악의 선법도 음이름도 아니다" 〈중앙일보〉, 2003.7.2.
- "1억 2000만 원짜리 로얄살루트 위스키, 아트부산 2023 현장서 팔렸다" 〈한국일보〉, 2023.5.13.
- "21세기 국가 리더 어떻게 뽑아 쓸 것인가" 〈월간중앙〉, 2020.11.20.
- "40kg이나 뺐는데… 탈모에 필러·시술까지, 다이어트 후 급노화 온 스타들" 〈한국경제신문〉, 2023.7.28.
- "SNS 달구는 중산층 別曲" 〈조선일보〉, 2012.10.20.
- "그 얘기 들었어? 음모론이 끊이지 않는 이유" 〈헬스조선〉, 2023.2.23.
- "동물농장 비단구렁이와 동거하는 파충류 청년 등장 '경악'" 〈뉴스엔〉, 2011.11.13.
- "말기 암 사망한 40대 女, 장례식장 이송 도중 눈 번쩍…부활" 〈서울경제〉, 2003.7.7.
- "슈퍼문·블루문·블러드문 개기월식… 35년 만의 우주쇼" 〈세계일보〉, 2018.1.31.
- "손은 눈보다 빠르다…영화 '타짜'는 틀렸다" 〈헬스조선〉, 2023.3.2.
- "솔로몬의 지혜 어디? 실마리" 〈Economy talk news〉, 2021.7.24.

- "이 군, 초밥 한 점에 밥알이 몇 개고?" 〈topclass〉, 2005.10.27.
- "의심하면 쓰지 말고 썼다면 의심하지 말라"
  〈헤드라인뉴스〉, 2018.10.15.
- "조선판 탄핵 '반정'으로 돌아본 소통과 리더십" 〈한경머니〉, 2018.11.1.
- "한국 중산층 절반 '나는 하위층'…중산층 기준은 순자산 9.4억"
  〈연합뉴스〉, 2022.9.22.
- "혈통을 포괄하는 개 유전체학은 대중적인 품종 고정관념에 도전한다 (Ancestry-inclusive dog genomics challenges popular breed stereotypes)" 〈사이언스 6529호〉, 2022.4.29.
- "해바라기" 〈강원도민일보〉, 2011.8.4.

인터넷 자료

- 두산백과, 2023, 이심전심, 2023.6.1., http://www.doopedia.co.kr
- 두산백과, 2023, 메라비언의 법칙, 2023.7.14., http://www.doopedia.co.kr
- 두산백과, 2023, 관동대진재, 2023.8.14., http://www.doopedia.co.kr
- 나무위키, 2023, 말하지 않아도 알아요, 2023.6.1., http://namuwiki
- 나무위키, 2023, 크랩 멘탈리티, 2023.6.1., http://namuwiki
- 나무위키, 2023, 매니 파퀴아오, 2023.8.25., http://namuwiki
- 나무위키, 2023, 멍때리기 대회, 2023.5.23., http://namuwiki
- 나무위키, 2023, 아귀찜, 2023.6.22., http://namuwiki
- 나무위키, 2023, 플랜 B, 2023.6.7., http://namuwiki
- 나무위키, 2023, 미니멀리즘, 2023.7.10., http://namuwiki
- 나무위키, 2023, 누가 기침 소리를 내었는가, 2023.8.7., http://namuwiki
- 나무위키, 2023, 행복한 장의사, 2023.8.9., http://namuwiki
- 위키백과, 2023, 스타게이라, 2023.8.13., http://namuwiki
- 네이버 지식백과, 2023, 고르디아스의 매듭, 2023.6.17. http://www.mk.cokr

- 네이버 지식백과, 2023, 미니멀리즘, 2023.7.10.
- 네이버 지식백과, 2023, 독심술, 2023.8.5.
- 네이버 지식백과, 2023, 송시열을 세자의 스승으로 삼으소서, 2023.8.12.
- 네이버 시사상식사전, 2023, 젠가, 2023.6.23.
- 아주대학교병원 아주스토리, 엑스맨도 막을 수 없는 피부암, 2021.5.1., http://www.ajoumc.or.kr
- 매경닷컴, 2023, 피로스의 승리, 2023.6.15. http://www.mk.cokr
- "로또에 당첨될 확률" 〈EBS 동영상〉,2012.1.2.
- 블로그 : 교육자, 2023, 오정세 수상 수감 명언 정리, 2023.3.29.
- 블로그 : wunhaga, 2023, 신독/정약용, 2023.4.24.
- 블로그 : chamnet21, 2023, 세종대왕 명언, 2023.5.30.
- 블로그 : 여행 스케치, 2023, 악수 유래와 악수 예절 알아보기, 2021.5.25.
- 블로그 : 최보식의 언론, 2023, 범죄 수사의 제1원칙 누구에게 이익이 돌아가는가(cui bono), 2021.9.29.
- 블로그 : hmglobal, 2017, 직장인 심리학 오지랖과 청개구리 심리, 2023.6.8.,
- http://www.hmglobal.com〉2017_summer〉sub7
- 포스트 : 루이n휴잇, 2022, 사람 마음을 꿰뚫는 '말더듬이 유세객', 2022.10.27.